# うちの子、安全だいじょうぶ？

## 新しい防犯教育

宮田美恵子 著
日本こどもの安全教育総合研究所理事長

新読書社

# はじめに
## 今、求められている防犯教育とは？

「知らない人についていっちゃダメよ」

大切なわが子を犯罪から守るために、お父さん、お母さんは日頃からこう注意してこられたのではないでしょうか。しかし残念なことに、この注意だけでは子どもを守ることはできません。それを私たちに端的に示したのが、二〇一七年三月、千葉県松戸市で起こった女児誘拐殺害事件です。この衝撃は計り知れません。翌二〇一八年五月にも新潟市で小二女児が被害にあってしまいました。小学生が対象となった略取誘拐は、年に五〇件前後発生しています。

「知らない人についていっちゃダメよ」という言葉は虚しいものとなり、多くの保護者の皆さんが不安を抱えているようです。

親は、わが子がすこやかに成長してくれることを何よりも願っています。しかし、二四時間、ずっと子どものそばにいて守り続けることはできません。ある時間は学校の先生、ある時間は地域の見守りの人たちというように、教育の現場や地域の方たちとの連携によって、大人の目で見守りをつなぐ必要があります。

ただ、それだけでも不十分です。子ども自身に「自分で自分の命や体を守る力をつけること」。それこそが保護者が子どもにできる防犯教育です。

それでは、防犯教育として、親は子どもに何を教えればいいのでしょうか？　私たちが子どもの頃は、おばあちゃんの知恵や親の経験などから、安全・安心に暮らすための術を授けられ、無事に大人になることができました。

ところが、近年は急激な核家族化、少子化、情報化などが進み、子どもたちを取り巻く環境が大きく変化しています。それにともない、子どもへの犯罪も量的・質的に変わってきました。たとえば、誘拐事件はこれまで、身代金目的が多かったのですが、近年ではそうした目的の犯行はほとんど見られません。いたずらやわいせつ目的、「誰でもよかった」という無差別殺人など、以前では考えられないような事件が起こっています。

そんな現代においては、残念ながら昔の知恵が通用しなくなっています。現代社会における安全な暮らし方について、保護者の皆さんにもあらためて考えていただく必要が出てきました。

学校でも安全教育は進められています。学校における安全教育は「生活安全（事件＝犯罪、学校生活の中での事故）」と「交通安全」「災害安全」の三つの領域に分けられます（以下、犯罪防止のための教育は防犯教育と表します）。ただ、犯罪に関しては事件の被害者がひとりであったり、それほど頻繁に起こっているものではないためか、交通安全や災害安全に比べて『特別なこと』として、対岸の火事のように、どこか他人事になっている気がします。しかし、犯罪は人間のコミュニケーションのひずみの中でも生まれてくるもので、決して特別なことではありません。それが表面化したのが松戸市の誘拐事件でもあるのです。

子どもを犯罪から守る防犯教育が「大人に話しかけられたら無視しなさい」とか「知らない人と話してはいけません」という画一的で一方通行なものであってはならないと私は考えています。自分が被害にあわないための注意点だけを強調して教えたのでは、他人に無関心で、人を疑うことしかしない寂しい人間になってしまうかもしれない……。そんな危惧を抱いているからです。

子どもたちには、他人を思いやる気持ちをもったやさしい人になってほしい。自分のことはもちろん、他人の命や体を大切にできる。困っている人がいたら、助けてあげようという気持ちを持てる。道を聞かれたら、親切に教えてあげられるような子どもに育ってほしいと思います。

一方で、そのやさしさは防犯の観点から見ると、危険を含んでいる場合もあります。私はこれを『防犯モラルジレンマ』と名づけました。「大人に話しかけられたら無視する」のではなく、自分の安全を保った上で、相手に対して必要な親切を示すことができる。そういう教育も必要だと考えているのです。

社会は多くの人との共生・協働によって成り立っています。人との関わりを避けるのではなく、人とつながることで創出される、「新しい防犯教育」のあり方を考えていかなければならない時期が来ています。そのために、ご家庭でできること、学校でできること、そして地域でできることはそれぞれ違いがあります。しかし、そのどこかにかたよることなく、三者が手を結び、犯罪から子どもを守ることが求められています。

この本を一つのきっかけに、ご家庭で、学校で、あるいは地域のみなさんで、子どもたちの安全・安心について、あらためて考えていただければ幸いです。

二〇一八年五月

宮田美恵子

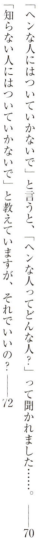

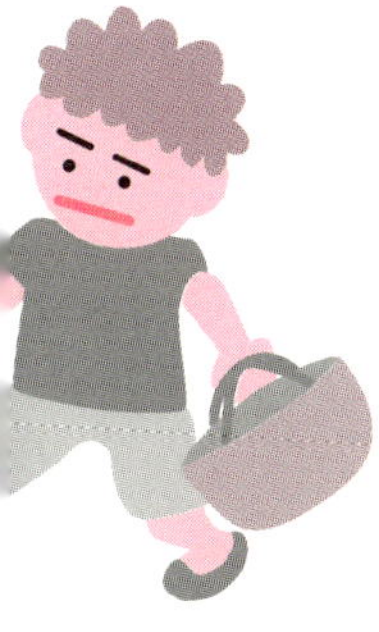

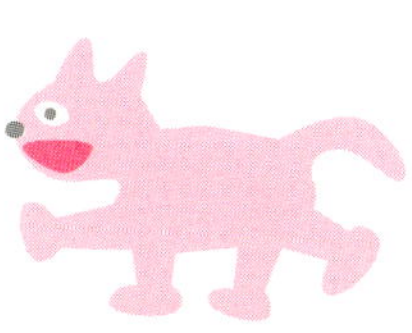

## 第6章　小学生と社会との関わり（7〜12歳）

コラム

# 序章

# 1 なぜ子どもの安全教育は〇歳から始めるの？

安全教育の目標は、大きく分けて三つあります。まずひとつ目は、子どもが被害にあわないように、危険予測能力を高め、安全な行動が取れること。そして、危険に遭遇したときには、自分の身体能力を使ってあきらめずに何とかしようとする、『自分自身の安全』を守る力をつけることです。

二つ目は、自分以外の『他人の安全』に配慮でき、それを妨げない行動がとれること。そして、三つ目は、みんなで安全安心に暮らし続けるために「他者《ひと》と協働」できる人になることをめざします。防犯教育も同じです。社会の一員である私たちの安全な暮らしは、社会の安全と切り離すことはできません。

この三つの目的を達成するためには、根底に自分には価値があり、大事にされるべき一人の人間であると思える『自尊感情』が育まれる必要があります。自尊感情が高い人は困難にあっても粘り強く努力するでしょうが、自尊感情が低い人はあきらめてしまい

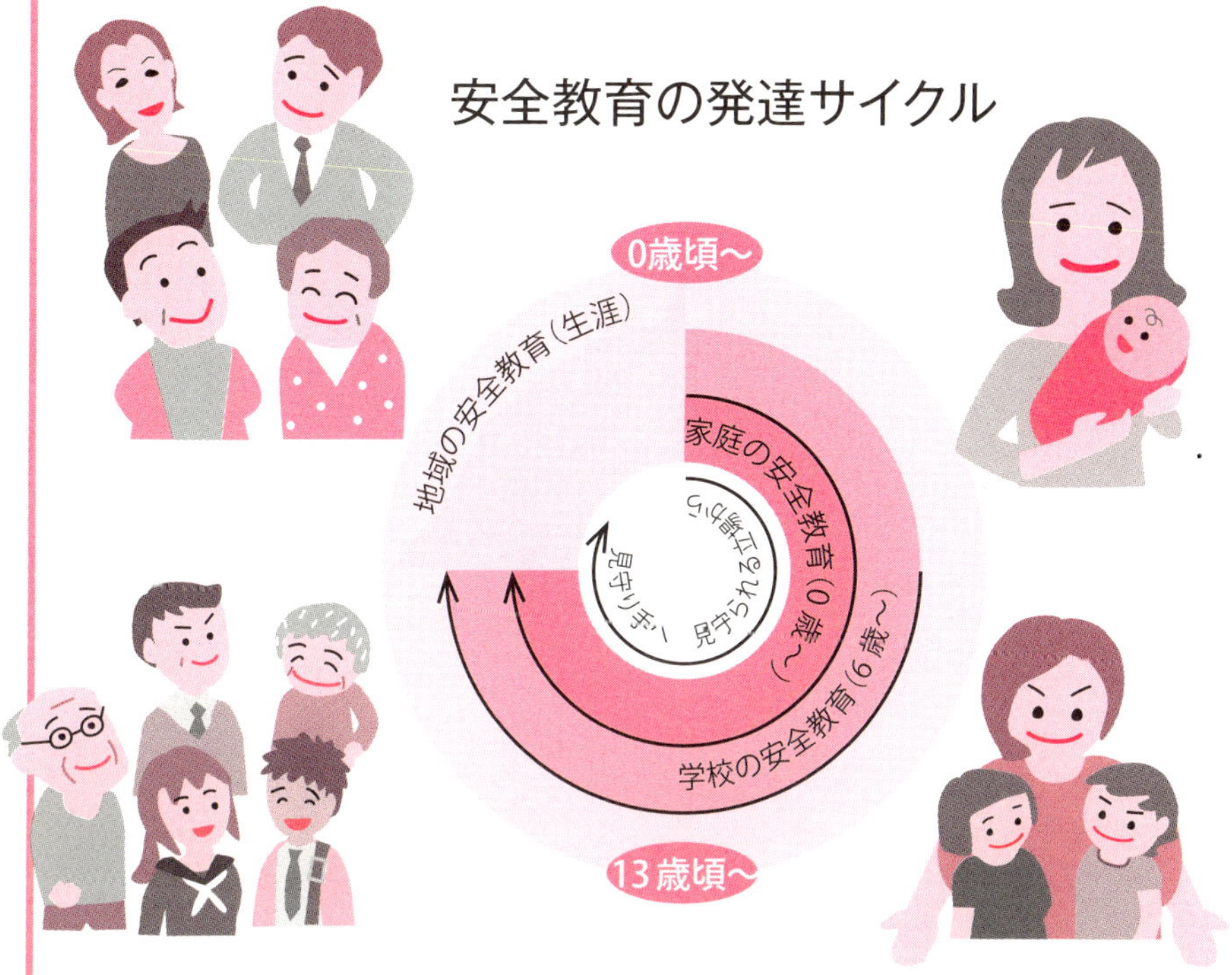


家庭・地域、学校の安全教育『安全教育の発達サイクル』

やすい傾向にあります。

　また、自分に満足感を持てると、他人に対しても寛容になり、他人の安全も守ろうとする行動をとりやすくなるのです。

　自尊感情は一朝一夕に育まれるものではありません。生まれた瞬間、あるいはお母さんのおなかにいるときから愛されることで芽生えてきます。このように、安全教育のスタートは〇歳から始まっているのです。

# 2 家庭で行う安全教育の九か条

本書では、安全教育の目標に沿って、子どものために保護者のみなさんができる防犯教育をご紹介していきます。そのベースとなる『家庭の安全教育九か条』を見てみましょう。

## 1 犯罪や災害、交通事故などについて話し合い、命を守る約束を決める

子どもの年齢や性格などに応じて、生活の中には危険もあることを話題にする。子どもが「コワイ」と感じたとき、災害が起きたとき、家族が交通事故にあったときはどうするのか、わが家の約束を決めたり話し合っておく。

## 2 命の大切さを伝える

子どもに、自分は大切な命をもった一人の人間であることを伝える。そして、自分以外の人も同様であることを知り、大切な自分を大切にしてくれる人がいることに気づかせる。自分の命はもちろん、他人の命も大切であることを伝える。たとえば、絵本の読み聞かせを通して伝えることもできる。

## 3 信頼関係を深め愛情の絆を結ぶ

子どもとのふれ合いを通し、親子の信頼関係や愛情の絆を結ぶ。大切な人の存在が危険と遭遇したときに、あきらめずに自分を守ろうとする原動力になる。

## 4 大切な子どもであることを伝える

家族にとって、子どもがいかに大切であるかということは、愛情を注がれることで感じ取ることができる。折にふれて、言葉に出して伝えることも大事。

## 5 約束や決まりを守る習慣をつける

時間や約束を守れないことで、子どもがトラブルに巻き込まれる可能性は高くなる。決まりや約束を守る習慣をつける。

## 6 身の周りの物を大切にする習慣をつける

自分の持ち物はもちろんのこと、他人の持ち物や公共物も大切にできる習慣をつけることも、自他の安全につながる。

## 7 ご近所の人にあいさつをする

子どもが進んであいさつをする習慣をつけ、あいさつを交わす気持ちよさを感じられるようにする。親は状況にあった様々なあいさつを見せる。

## 8 地域行事や活動に親子で参加する

親子で地域の行事や活動に参加し、子どもが地域の人と知り合いになれるようにする。地元になじんでいれば、事件や事故に巻き込まれたとき、災害時なども協力体制が取りやすい。

## 9 自然に親しんだり外遊びをする

海や山など自然に充分親しむことで、その雄大さから畏敬の念を感じられるようにする。あわせて自然災害が起こることも知り、命の守り方を確認する。

外遊びを通してルールを守ることや、コミュニケーション能力を高める。遊具などの安全な使い方や危険を予測する能力を高める。

以上の九か条を念頭におき、子どもの発達段階に沿って、十二歳までに身につけたい五五の安全力についてお話ししていきます。

まとめ

各家庭で『家庭の安全教育九か条』の実行を

# 第1章

# 赤ちゃんとスキンシップ（0～1歳前後）

安全教育は、実は子どもが生まれたときから始まっています。子どもが自分で危険から身を守るためには、心と体の両方に安全力を育んでいく必要がありますが、心の安全力の基本となるのが「親子（養育者との）の信頼関係」です。赤ちゃんの頃から愛情を注がれ、親子の信頼関係ができることで「もしも自分に何かあったら、自分に愛情を注いでくれる親や大切な人が悲しむ」と思えるようになり、危機に直面したときに「どうしても助かるんだ」という強い気持ちを持つことができるからです。

3

# 赤ちゃんにできる安全教育って何ですか？

まだ言葉を理解することができず、歩くこともできない赤ちゃんは、自分から行動を起こすことができません。この段階では、親御さんが全面的に赤ちゃんの安全を守ってあげなければなりません。同時に親御さん自身も、自分がこれからわが子の安全を考えていく、準備段階でもあります。

「そんなに早くから安全教育ができるの？」と不思議に思われるかもしれません。でも、赤ちゃんのときは安全教育の観点からも、実はとても大切な時期。それは赤ちゃんのときから愛情をたくさん受けることで「自分を大切にする子」に育つからです。

お母さんからおっぱいをもらったり、ぎゅっと抱きしめられたり、お父さんにほおずりされたり……。赤ちゃんは自分を愛してくれる人の肌の感触が大好きです。特にお母さんの胸は、最も居心地のいい場所。やわらかくて温かくて気持ちがいいから、スヤスヤ眠ることができます。

赤ちゃんはやさしい抱っこやスキンシップによって「自分が大切にされている」ということを感じ、「自分を愛してくれる人」との関係性を深めていきます。

「自分には自分を心地良い状態にしてくれるお父さんやお母さん（養育者）という人たちがいるんだ」ということがわかってはじめて、自分自身の大切さ、同時にまわりの人の大切さ、そして、そこには命があるんだということを感じ取ります。

まず、一番身近な人との愛情の絆を育んでいくのです。ですから、赤ちゃんのときから愛情をこめて抱っこして、たくさんスキンシップをしてあげてください。そうすることで赤ちゃんは「愛されている自分」を感じ、自分自身を大切にできる子どもに育っていきます。

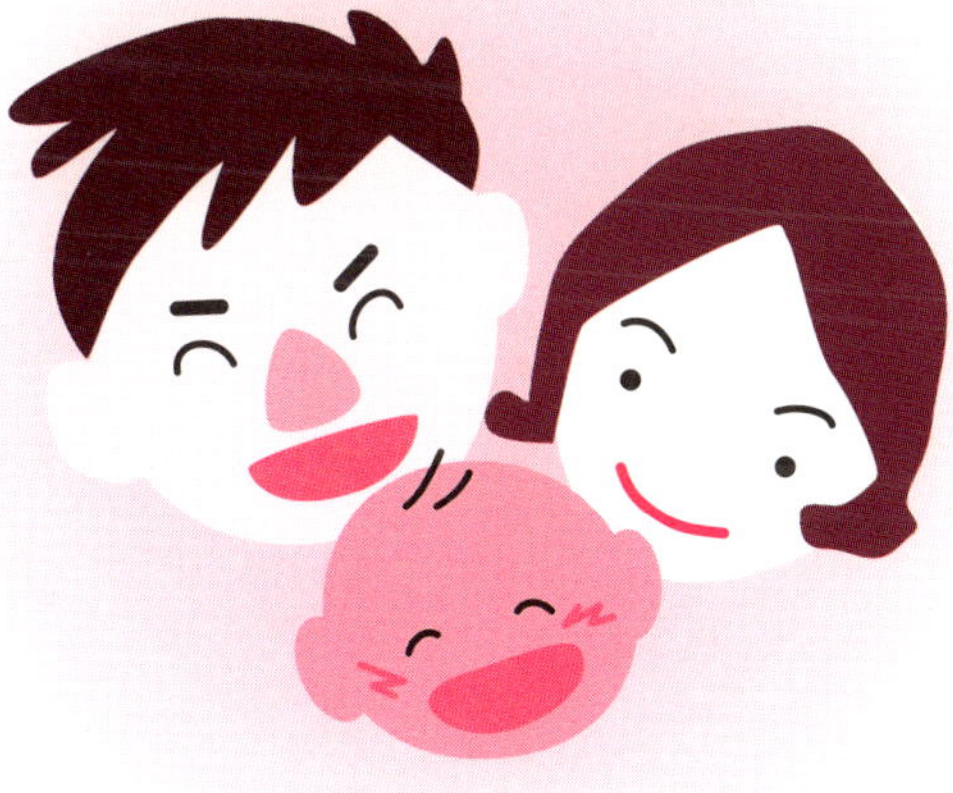

**まとめ**

「安全教育」は赤ちゃんのときから。
スキンシップで「自分が愛されている」と感じられる子に。

# 4 スキンシップって何ですか？

赤ちゃんに愛情を伝え、親子の絆を深める方法の一つがスキンシップです。でも、そもそもスキンシップって何なのでしょう？

肌と肌が触れあうことが文字通りスキンシップですから、お母さんが母乳をあげることもそうですし、ほおずりしたり、手をつないだり、抱っこするのもそうです。ただし、ただ肌が触れればいいというものではなく、赤ちゃんが気持ちよく「愛情を注がれている」という満たされた気持ちになっているかどうかが重要です。

スキンシップに関しては、その効果について科学的な検証が始まっています。心理的な効果のほかに、胃腸の働きが活発になって、成長が促進されるという報告もあります。アメリカのマイアミ大学皮膚接触研究所によると、赤ちゃんのストレスを減少させる効果もあり、赤ちゃんへのマッサージ（触れること）はとても有効だとしています。

「いつも抱っこひもで赤ちゃんを前に抱えているので、スキンシップは充分取っています」という親御さんがいらっしゃいます。でも、赤ちゃんを抱きながら、他のことに気をとられていたり、実はスマートフォンを見ているというのでは、ちょっと残念。赤ちゃんの目を見たり、話しかけたり、微笑んだり……。赤ちゃんに意識が向いていなければ、スキンシップの効果は半減してしまいます。

二〇〇一年に大阪教育大学附属池田小学校で起こった無差別殺傷事件では、授業中の学校に男が乱入し、児童八人が死亡、教師を含む一五人が重軽傷を負いました。男は、子どもの頃から「自分は愛されていない」と感じていたといいます。この事件に限らず、「愛されていない」という絶望感が事件につながる一つの要因になることもあります。

自分が犯罪の被害者にならないことはもちろん、大切な子どもを非行に走らせたり、犯罪者にしないためにも、幼少期のスキンシップは重要です。もとはみんなかわいい赤ちゃんなのに、まっすぐ育ったり、犯罪者になってしまうこともある、その分かれ道は、幼少期からの愛された記憶にありそうです。

人間が成長していくために、「愛情」は欠かせないものです。それを赤ちゃんのときにもらえずに、自分や他人を大切にできない大人になっては困ります。

「忙しいから無理」という理由もあるかもしれませんが、子どもには無償の愛を注いで

くれる人が必要です。それは親に限らずおじいちゃんやおばあちゃんでもいいのです。そういう人が自分にもいると感じられるかどうかがとても重要です。そして、赤ちゃんがそれを確認できる機会が、スキンシップなのです。

まとめ

肌と肌が触れあうスキンシップ。話しかけたり、微笑んだりしながらたくさん愛情を注いであげましょう。

# 5 外ではひもをつけたり、ベビーカーに乗せていれば大丈夫？

一般的に一歳前後になると、子どもは歩き始めます。そうなると、一瞬も子どもから目が離せませんね。特に外出するときは注意が必要です。

最近は抱っこやおんぶよりも、ベビーカーや子ども用のリード（迷子ひも）を使う人が目につくようになりました。よちよち頼りない足取りで、どこに行くかわからない子どもを守るための方法としては、助かりますね。

しかし、ベビーカーに乗せているから安心、ひもでつないでいるから安全というのは過信なのです。まったく子どもに目を向けずに、それこそスマートフォンを見ていたり、他のことに気を取られ、子どもに意識が向いていなければ、とっさの対応ができません。ベビーカーに乗せていても、

動きづらいからとお店の外にベビーカーを置いたまま買い物をしたり、迷子ひもでつながっていることに安心して目を離したすきに、子どもが危険なものにさわってケガをしたり、モノを壊したり……。

この時期、子どもを危険から守るのは、お母さんやお父さんの目と手です。親が子どもと手をしっかりつなぎ、外に出たときの危険を教えましょう。

ちなみに、もうかなり大きくなっているのに、歩かせずにベビーカーに乗せている姿を見かけます。親が急がないのなら、ベビーカーに乗せなくても、よちよちでも一緒に歩いたほうが子どもの運動にもなり、発育が促されます。手をつないでスキンシップもできて、いいことだらけ。ベビーカーの利便性を活かしつつ、ケースバイケースで、使い分けてほしいと思います。

まとめ

ベビーカーや迷子ひもは便利な道具ですが、過信せず、子どもから目と手を離さないで。

# 第2章

# 年少期（2～3歳）

子どもが自分の足で歩けるようになると、外出先では特に注意が必要です。迷子になったり、連れ去りにあったり……。必ず手をつないで歩く習慣をつけましょう。人が多い場所では、目を離さないように注意を。一瞬のスキが思わぬ事件に巻き込まれる危険性を生むからです。

# 6 忙しくて防犯教育以前に、子どもと過ごす時間が取れません……。

働くお母さんたち、そしてお父さんたちの共通した悩み、それが「子どもと一緒にいる時間が少ない」ではないかと思います。だからといって、罪悪感を持つ必要はないのです。確かに、仕事をしていれば、子どもと一緒にいる時間は限られるかもしれません。でも、短い言葉に愛情をこめたり、時間がないなりにも愛情のこもった行動を示すことはできるのですから。

たとえば、保育園に行くときには、必ずハグして「いってらっしゃい」を言って送り出してあげる。これなら時間はほんの数秒ですみます。それだけでも毎日心がければ、子どもはちゃんと親のことを見ていますから「お母さんは忙しいけれど、私のことは大切。だから毎日、ギュッとしてくれるんだ」とわかってくれます。このハグする数秒のように、「お母さんが私のことを考えている時間だ」と子どもが感じられる機会をつくることです。

一日に一回は必ずハグをしたり抱きしめてあげる。一緒におふろに入って、ゆっくり一日の出来事を聞いてあげる。一日一回は読み聞かせをする。一日一回のわずかな時間でも、その愛情表現は子どもに伝わり、その積み重ねが親子の絆をつくっていきます。それは必ずしも時間の長さとだけ比例するものではありません。

もし、普段から忙しくて、一緒にいられる時間が少ないと感じているなら、休日や夏休みなどの長期のお休み、普段よりちょっと時間のとれるときに埋め合わせをしてあげればいいのです。

子どもは親御さんからの愛情を欲しています。親が子どもに伝えようとすると、子どもはその愛情を受け取ろうとしていますし、むしろ受け取りたいと思っています。受け取りたいと手を拡げて待っているところに、親が愛情を示してあげれば、ちゃんと伝わります。

「いちばん大切なのはあなたなんだよ」のサインを送って下さい。

### まとめ

一日に一回は必ず抱きしめて、「いちばん大切なのはあなたなんだよ」と、伝える時間を持ちましょう。

# 7 忙しいとき、困ったときは、ついついスマートフォン(スマホ)を持たせてしまいます……。

昨今、『スマホ育児』が話題になってます。『こどもたちのインターネット利用について考える研究会』の調査によると、〇歳でも約二割の子どもたちが、スマホやタブレットといった、いわゆる情報通信機器を使った経験があるということでした。

ちょっと手が離せないとき、外で子どもがぐずってしまい周囲の人の視線が気になるとき、スマホの動画を見せれば子どもは画面に釘づけになり、静かにしてくれることがよくあります。そうなると、親御さんは大助かり。ついつい困ったときは『スマホ育児』に頼ってしまうというわけです。

親御さんたちのお気持ちはよくわかります。料理で火を

使っているとき、来客があったときなど、どうしても子どもから目が離れてしまうことはあります。また、外出先で大泣きされたときなどは、どうしていいかわからなくなることもあるでしょう。ですから「スマホ育児がダメだ」と決めつけることはできません。

しかし、この調査結果にもあったように、スマホ育児による弊害が心配です。視力が悪くなったり、子どもには見せたくない画像が目に入ってしまったり、あるいは「将来、長時間利用したり、依存になってしまうのでは？」といったことを、スマホ育児をしている親御さんたち自身も心配しているのです。

スマホが普及してからまだ数年しか経っていないので、スマホ育児によってどんな影響があるのか、はっきりしているわけではありません。しかし、スマホに頼りきってしまうのは問題があると私は思っています。

子どもはこの時期、いろいろなものに興味を示します。そして、それを触ったり、見たり、なめたり五感をフル稼動させて、世の中の情報を体で吸収していきます。それはそのまま五感や運動能力を育むことに他ならないのです。そうすることで何が自分にとって危険で、何が安全なものなのかを知っていきます。人間の脳は本来、そうやって発達するもので、スマホの小さい画面から流れてくるものをただ見ているのとは違います。

また、子どもは体を動かすことも少なくなるでしょう。親御さんとのふれあいよりも、スマホの動画のほうに気を取られ、親子のコミュニケーションの時間が少なくなってしまうこともありえます。スマホを見せるよりも、絵本の読み聞かせをしたり、一緒にお絵描きしたりするほうが、子どもの成長にとっては良い影響があると思います。

実際、一度子どもにスマホの動画を見せてしまったために、すっかりクセになってしまい、取り上げると泣いて怒るといった困った状態になる例もあります。

このあともお話ししますが、スマホは便利である一方、子どもたちが犯罪に巻き込まれる入り口になる危険性もはらんでいるツールです。赤ちゃんや幼児のときから使うことに慣れてしまうと、あまりに身近になりすぎて、その危険性を意識しなくなってしまいます。

スマホ育児は必要最低限に。視力に悪影響が出ないように、連続の使用は一五分以内などと決めてみてはいかがでしょうか？　そして、見せるコンテンツや動画なども親御さんが選んであげてください。

まとめ

スマホ育児によるさまざまな悪影響が心配。
使用するなら、一五分以内などと決めて。

# 8 スーパーの中なら安心?

子どもと一緒にお出かけしたとき、ちょっと油断したすきに迷子になるのはよくあることです。特に、デパートやショッピングセンター、スーパーなどは、子どもにとって遊園地のように気持ちが高揚し、開放的な気分にさせる魅力があります。

「スーパーの中なら明るいし、人がたくさんいるし、警備員さんも巡回している。防犯カメラも設置されているから、こんな場所で何か起こるわけないわよね」と大人は考えがち。でも、そこが盲点です。

こうした不特定多数の買い物客が出入りする場所は、ショッピングを装えば、どんな人でも入って来られるという意味で、危険性もあります。特に子どもは歩けるようになれば、ひとりでチョコチョコして迷子になったり、かわいい時期なので連れ去られてしまったり……。

警備員さんはあなたの子どもだけを見ているわけではありませんし、監視カメラも一〇〇パーセント犯罪抑止になるわけではありません。

二〇一一年三月に、熊本県で痛ましい事件が起こりました。両親と兄と一緒にスーパーに買い物に来ていた三歳の女の子が、トイレで被害にあってしまったのです。

両親がレジにいるあいだに、女の子はひとりでトイレに向かいました。そのすぐ後に、リュックサックを持った若い男がトイレに入って行き、女の子に手をかけた後、リュックサックに入れて何くわぬ顔で運び出し、近くの川に遺棄したのです。犯人は当時大学生で、二〇一三年六月に最高裁で無期懲役が確定しています。

この事件からも、昼間明るいところ、デパートやショッピングセンター、スーパーなどでは、人がたくさんいるから安全とは限らず、むしろその中に悪意を抱いた人が紛れ込んでいるかもしれない、ということを忘れずに。それはファミレスでも遊園地でも同じです。「ここなら大丈夫」と思ったときこそ、子どもの手を離さないようにしましょう。

まとめ

明るくても人が多い場所は要注意。
「ここなら大丈夫」と思ったときこそ手を離さないで。

# 9

## 買い物に行くと、すぐに子どもがあきて迷子になってしまいます……。

お買い物に行ったとき、子どもの姿が見えなくなると、親御さんはほんとうに青ざめますよね。スーパーやデパートは、子どもにとっても珍しいものがいっぱいですから。なのに、親御さんが買い物に夢中になっていたり、どこに行くのかわからない状態で引っ張り回されるのは、子どもにとっては退屈で苦痛でしかありません。ついつい興味のあるもののほうへ行き迷子になることがあります。

最初に「まずはママのお洋服を買って、それからご飯を食べて、最後に○○ちゃんの好きな絵本のコーナーに行こうね」というふうに、予定を話しておきましょう。「ここでは傘を買うよ」と子どもに話しかけ、手を離さないように気をつけて。

まとめ

子どもを退屈させないように見てまわる予定を教え、話しかけながら楽しいショッピングを。

# 人はなぜ犯罪者にならないのか？

たとえば、仕事でリストラされたり、病気になってしまったり。人生にはいろいろなつらいことがあって、どんな人でも多かれ少なかれ悩みを抱えています。だからといってみんながイライラして犯罪を起こすわけではありません。その理由を説明した、ハーシーの『社会的絆理論（ソーシャルボンド理論）』があります。

簡単に言うと「自分にとって犯罪を思いとどまらせる人がいるか、つなぎとめる何かがあるかどうか」ということです。たとえば、犯罪を起こしそうになったとき、パッと思い浮かぶ大切な人がいたり、万が一、自分が捕まったりしたときに悲しむ人がいるかということ。自分をつなぎとめてくれる絆になる人や集団、価値観や規範などがあれば、そこで人はグッとこらえることができます。

人は生きているうちに、少なからずそういう場面があると思います。自殺などもその一つでしょう。「あっ、いけない。やっちゃダメだ」と思える、つなぎとめられる何かを持っていること。それが小さいときに親や誰かから注がれた愛情、自分を認めてくれる存在や居場所なのです。

第3章

# 年中期と約束（4～5歳）

言葉が理解できるこの頃には、子どもが約束を守れるようにすることが大切です。交通ルールはもちろん、やってはいけないこととその理由を説明し、数年後のひとり歩きの準備を始めましょう。

10

# 犯罪はどんなときに起こりますか？

私たちは「犯罪の起こる場所」は、暗い所などを想像しがちです。確かにそういうケースもありますが、実際には明るいところでも、犯罪は起こっています。犯罪が起こるのは、三つの条件が揃ったとき、場所だけに限定されません。

その三つの条件とは、同じとき、同じ空間で、

①子どもを狙う人間がいる

②ターゲットとなる子どもがいる

③監視者がいない

この条件が揃ったとき、犯罪の起こる可能性が高まります（日常活動理論、『Cohen. L. E., & Felson. M.（1979）』）。

先ほどのデパートやスーパー、ファミレスや遊園地などは、明るく人も多いですが、

子どもだけでトイレに行かせたり、別の場所で遊ばせたり、親御さんが買い物をするあいだ、ひとりで待たせていると危険性が高くなります。

そばにたくさん人がいても、その大勢の人たちがあなたの子どもを見守ってくれているとは限りません。もし、あなたのお子さんに大人（子どもを狙う人）が話しかけていても、そこにいる大勢の人は、その人が子どもの保護者か兄弟（姉妹）か、あるいは子どもを狙う人なのか判断することはできないのです。

お母さんだってお父さんだって、ゆっくりショッピングもしたいし、ママ友とおしゃべりもしたいのはよくわかります。でも、ちょっとした油断やその瞬間に、取り返しのつかないことになってしまっては、後悔してもしきれません。

犯罪はいつでもどこでも、三つの条件が揃ったときに起こる可能性が高まることを頭のすみに置いておいて下さい。

まとめ

周囲に人の目や存在がない瞬間、犯罪はどこでも起こります。子どもをひとりにしないことが重要。

## 11 男の子は狙われない？

考えたくはありませんが、子どもが性犯罪にあうといえば女の子、というイメージがありませんか？　それは大きな誤解です。男の子であっても女の子であっても、性犯罪に巻き込まれる可能性があるのです。

実際、警察庁の統計を見ると、未就学から小学校までの間は、女子に比べて男子がおよそ三倍、性被害に遭っています。中学生以上では、それが逆転していくことになります。この結果からも、男の子が狙われないとは言えないので、「うちは男の子だから大丈夫」などとは考えないでほしいと思います。

たとえば、二〇〇三年には、長崎県の家電量販店に家族で買い物に来ていた四歳の男の子（事件当時）が、被害にあいました。ひとりで「ゲームを見てくる」と言って、家族から離れたとき、中学一年生の少年に「お父さん、お母さんのところへ行こう」と連れ出され、屋上から突き落とされるという痛ましい事件が起こっています。

犯人がターゲットにするのは自分よりも体の小さい子や力の弱い子です。また、自分のストレス発散やいたずら目的に幼い男の子を対象にすることもあるのです。男の子の親御さんも、女の子と同じように防犯意識を持ってほしいと思います。

まとめ

男の子も被害にあっているのが実情。油断せずに注意しましょう。

## 12

# 幼稚園（保育園）に入園します。まず、何から教えればいいですか？

保育園や幼稚園に通い、集団生活を送る年齢になったら、この段階での目標は家庭でも、保育園、幼稚園でも「信頼できる大人の指示に従える。ルールや約束を守れるようにする」ということです。

たとえば「ここで待っていてね」と言われれば、そこで待っていられる。「横断歩道は信号が青になったら、手をあげて渡ろうね」と言われれば、その約束を守れる、というように。

幼稚園や保育園では身の回りのことがだんだんできるようになり、お友達と関われるようになって、社会に出ていくための準備をしています。

同時に、家庭では時間のけじめをつけさせることも重要です。朝起きたら顔を洗ってごはんを食べて、夜は決まった時間に寝る……という時間の流れを身につけていくのです。

約束を守れるようになることは、子どもの防犯教育でも大変重要です。親御さんが自ら率先して手本を示しながら、子どもとお互いに約束を確認していきましょう。「横断歩道では信号が青になったら、手をあげて渡ろうね」と教えているのに、子どもの前で黄色信号でも渡ってしまうのはさけたいものです。子どもは大人のすることを見ていて、真似しようとしますから、混乱してしまいます。

この時期の子どもに、大人の「こんなときはいい」といった例外を理解するのはむずかしいのです。そのためには、時間にゆとりをもって行動できるとよいですね。

約束を守ること。ルール違反はもちろん、やってはいけないことも子どもが納得できるように、わかりやすい言葉で教えてあげてください。そして、約束を守ったら、めいっぱい褒めてあげてください。社会にルールがあること、約束を守ることが重要だということを、子どもの頃から身につけていくことで、自分の安全を守り、他者を傷つけない行動につながるのです。

まとめ

「約束を守る」ということを教えましょう。親が率先して手本になることも大事です。

# 13 子どもが約束を守ってくれません……。

子どもは、お父さんやお母さんなど、信頼関係がある人との約束を守ろうとします。約束が守れないのは、なぜそうした約束をしなければならないのか、わからないからではないでしょうか？

そんなときは、どうしてその約束が必要なのか、もう一度お話をしてあげてください。「〜しなさい」とか「〜を守りなさい」と言うだけではなく、「〜こういうわけだから、これは守ってね」ということを幼いなりに理解できるように説明するのです。

もちろん、小学生と未就学児では理解度が違いますから、年齢に応じてわかるように説明す

る必要がありますし、わかるように言ったからといって、すべて理解しているとも限りません。

約束は普段からしていても、もう一度、守ってほしい場面で伝えてあげてください。たとえば、「道に飛び出さないようにしようね」と約束するとします。車がビューンと横を通って行ったときに、「ここでは車がビューンと来るから、飛び出すとひかれてしまうよ。だから、飛び出さないようにしてね」と、もう一度、約束します。すると子どもは「こういうときなんだ」と、映像と約束が合致して記憶できます。言葉だけではなく、その状況と合致させることはとても大事なのです。

また、お出かけするときに「お母さんのそばから離れないでね」と守ってほしい約束をその都度、子どもに伝えましょう。お店などに入るときにも「お母さんの手を離さないでね」ともう一度確認すると、記憶が新しいので子どもは約束を守りやすくなります。

まとめ

約束は守ってほしい場面でもう一度伝えましょう。子どもにも状況が伝わり、守ろうとするようになります。

# 第4章

# 年長期とあいさつ（5～6歳）

日常の生活の中で、人との信頼関係を育み、その場でふさわしいあいさつができるように育てる時期です。あいさつは防犯教育でもとても大切です。まずは家族のあいだできちんとあいさつをすることから始めましょう。

14

# 「あいさつ」が重要だと教えたいのですが……。

ご家族同士で「あいさつ」をしていますか？

家族だから照れくさかったり、面倒くさかったり、あるいは「家族だから以心伝心、言わなくてもわかるわよ」なんて考えていませんか？

確かにそういう一面もあるかもしれませんが、愛情伝達方法のひとつとしても、あいさつは重要です。これはご夫婦のあいだでもそうではないでしょうか？

せっかく作ったお料理を前にして「いただきます」も「ごちそうさま」もないのでは、作ったほうとしてはガッカリしてしまいますよね。

朝起きたときの「おはよう」に始まり、「いってきます」には「いってらっしゃい」で明るく送り

出す。帰宅時には「ただいま」と「おかえりなさい」。何かしてもらったときは「ありがとう」、感謝されたときは「どういたしまして」。そして、寝る前には「おやすみなさい」、と目と目を合わせて言えたら最高ですね。

このあいさつのひと声が家族のあいだの絆を深め、そのたびに愛情を確認する機会になります。この後にもお話しますが、地域の方たちとの見守り活動でもあいさつは大切なものです。まず、家庭の中で、親子のあいさつが当たり前にできるような環境づくりをしてあげましょう。

まとめ

「あいさつができる」ことは、防犯教育でもとても重要です。家族でのあいさつから習慣づけを。

15

# 外であいさつができません……。

『あいさつ』って不思議ですね。たとえば、事件を起こした人の知人やご近所の人たちが取材を受けて、「普段からあいさつもしないし、目も合わせない人だった」とか、「会えばあいさつしてくれるきちんとした人でしたよ」といった話をしています。つまり、あいさつができるかどうかは、人の印象を大きく左右するのですね。また、相手が誰であれ、明るい笑顔であいさつされれば、不愉快になる人はまずいないでしょう。それほどにあいさつは、人と人とをつなぐ円滑油のようなものです。

お子さんと一緒に外出したとき「ほら、ちゃんとごあいさつしなさい」と言っても、大人の人にあいさつするのは、お子さんにとってちょっとハードルが高いかもしれません。特に人見知りや恥ずかしがり屋のお子さんの場合、外に出たときは、親御さんの後ろに隠れてしまったり、何も言えなかったりすることもあるでしょう。それはむしろ微笑ましくもありますが。顔見知りのご近所の方には、元気にあいさつする習慣をつけていくようにしましょう。

まず、あいさつをすれば相手も笑顔になり、気持ちがいいということをたくさん経験させてあげてください。もし、恥ずかしがり屋さんで大きな声を出すのが苦手なお子さんなら、最初は頭を下げるだけでもかまいません。「お父さんやお母さんがごあいさつしている人には、あなたも一緒にごあいさつしてね」と約束しておきましょう。

家族や近所の人たちと信頼関係を築けている子は、それとは反対の違和感、つまり悪意を持って自分に近づいてくる人に気づきやすくなります。その「違和感」が、自分に対して悪いことをしようとしている人かどうかをの指標になるからです。「信頼できる人はどういう人か？」ということを、まず、気持ちいいあいさつをすることから少しずつ学んでいくのです。

あいさつは、防犯教育としても大切なものなのです。

まとめ

外で地域の人にあいさつをして、信頼関係を築く。
そうすることで「反対の違和感」に気づきやすくなります。

# 16

## イヤなことを「イヤ」と言えないようなんですが…。

自分の意思で「はい」「いいえ」をはっきり言えないお子さんがいますね。連れ去りにあいやすいのは、「ひとりでいる」「イヤなことをイヤと言えない」子であるケースがみられます。日頃から、小さなことでも子どもの意思を尋ね、「はい」「いいえ」や自分の考えを言えるようにしてあげましょう。

お子さんに自分の意思で判断させることは、ときには保護者やまわりの人の忍耐力が必要です。どちらにしようか迷いに迷う子どもだっています。それが面倒なばかりに、ついつい「○○だよね？」とか「こっちのほうがいいよね？」などと、お子さんに自分の意思を押し付けていませんか？　もし、やさしいお子さんなら、「ママがいいと言ったほうを選べば、ママが喜んでくれる」ということを敏感に感じ取って、自分の気持ちを言わなくなることもあります。これではお子さんは自分の意思を持てません。

何でも親が決めたり、誘導するのではなく、「今日はどのお洋服を着ようか？」とか「何をして遊ぶ？」など、子どもに決めさせることで、「選ぶ力」が養われ、意思表示ができるようになるでしょう。そして、お子さんが自分で決めたら、その意見を尊重してあげてください。最初は親御さんが選択肢を示してあげてもかまいませんが、徐々に選択肢そのものを自分で考えられるように、上手に導いてあげましょう。

さらに言えば、「意思表示」がスムーズにできるようになると、防犯上重要なのに、むずかしい「ことわる力」がついてくるのです。

まとめ

普段から子どもの意志を尊重し、自分の考えを言える子に。自己選択力・自己決定力を養いましょう。

17

# 「ママが交通事故にあった！一緒に病院に行こう」という嘘に、どう対策を教えればいいですか？

大好きなお母さんが交通事故にあった！「さあ、一緒に行こう。急いで」と言われれば、子どもはパニックになりますし、お母さんが心配で「早く行かなくちゃ」と思うでしょう。

このようなケースはほんとうに悪質。子どもを騙すなんて！　と思いますが、こういった場合でも、ご家族で普段から『約束』をして、子どもが連れ去りにあうことを防ぎましょう。

その『約束』とは、子どもに「どんなことがあっても、家族以外のよその人に『あなたを連れてきて』と頼むことは絶対にないよ。もし、そういうときは、どんなに急がされても、その人について行かないで、必ずおうちに帰ってくること」という約束をしておきます。その約束がちゃんとできていれば、仮に子どもが判断に困ったとしても、簡単に他人にはついていかないでしょう。

幼い子の場合は、あれもこれもと言われると混乱して、どうしていいかわからなくなります。守ってほしい約束は「このときはこれ」と一つに絞ること。これが大原則です。「よその人に頼むことはないから、絶対についていかずにおうちに帰ってきて」。普段からこの約束を繰り返し確認しておきましょう。

まとめ

普段から「よその人に頼むことはないから、絶対についていかないでおうちに帰ってきて」と約束しておきましょう。

## 18

# ひとりでトイレに行かせてもいいですか？

トイレがひとりでできるようになると、子どもが「トイレに行きたい」と言えば、「じゃあ、行っておいで」とひとりで行かせていませんか？

日本は諸外国に比べるとトイレ天国。デパートでもスーパーでもファミレスでも、きれいなトイレがあってとても助かります。中には、トイレ入口の前に休憩スペースが確保されていて、自動販売機やベンチが置かれ、ゆっくり休めるように工夫されているところもあります。

しかし、実はこの工夫が悪用されることがあります。なぜなら、休憩場所であるために、どんな人がどれだけ長いあいだ座っていても違和感がないのです。子どもを狙う者にとっては格好の物色場所になることがあるのです。

第二章でもお話したように、熊本県で三歳の女の子がスーパーのトイレで被害にあう事件がありました。子どもがトイレに行くときは、ついていってあげてください。

また、トイレは建物の中でも目につきにくい位置、死角になりやすいところにある場合が多いのです。子どもにとって

行くことはできても、親御さんのところに帰ってくることができない、あるいは途中で迷ってしまうこともあるので、一緒に行って、自分たちもついでにすませてしまいましょう。

もちろん、家を出る前にトイレをすませていくように習慣づけることも大切です。公園や駅のトイレなどは死角になりやすいため、犯罪をたくらむ人が潜んでいて被害に遭うケースもあります。警戒心を持ちたい場所のひとつがトイレ。そのことを忘れないようにしましょう。

まとめ

トイレにはひとりで行かせない。
警戒すべき場所と心得ましょう。

19

# おつかいに行かせてもいいですか？

　以前、子どもがはじめておつかいに行くことをテーマにした、人気テレビ番組がありました。見ていて微笑ましいですし、人気があるのもわかります。でも、あれはあくまでテレビ番組という、子どもを見守るスタッフの目があって成立しているものです。ですから、子どもをひとりでおつかいに行かせることには手放しでは賛成できないのです。

　お子さんが幼稚園の年長さんぐらいになると、就学の準備も視野に入ってくるようになります。そのため「自立させなければ」と焦る保護者の方を見かけます。おつかいだけではなく、「ポストに郵便を入れて来て」と、子どもをひとりで外に出すことを積極的に行うようです。しかし、少し考えてみましょう。明るい昼間のちょっとした瞬間にでも、犯罪に巻き込まれることはあります。第3章で述べたように、子ども

を狙う人と子どもがいて、周囲に人の目がないとき、犯罪はどこでも起こり得ます。ですから、犯罪に巻き込まれるリスクをもあるなかで、無理に自立を促す必要はないと思います。

参考までにイギリスやフランスなどでは、子どもをひとりにした場合、親は罰金を課せられます。「水と安心はタダ」といわれた治安の良い日本では、子どもの安全に対して警戒心が薄いのかもしれません。まだ小さな頃におつかいで子どもの自立を試さなくてもいいでしょうし、犯罪の他にも交通事故も心配です。ビクビクする必要はありませんが、無理におつかいをさせることはないように思います。

まとめ

子どもひとりのおつかいは無理せずに。自立心は、ゆっくり育みましょう。

# ひとり親家庭に協力を！

子どもを守るのは保護者の役目。とはいえ、死別や離婚などの事情で、ひとりで子どもを育てているご家庭も増えています。特に母親だけのひとり親の場合は経済的な事情もあり、昼夜を問わず働き、子どもに目が行き届かないというケースもあります。

『子どもは社会の宝』。未来を担う大切な存在です。そこにはもっと国や地方公共団体の支援があってもいいのではないかと思いますが、ひとり親世帯の増加によりむずかしさもあるようです。

また、周囲に頼れる親戚などがいればいいのですが、そうもいかない人も多く、ひとり親の孤立化がみられます。特に真面目で人に頼るのが苦手な親御さんほど、負い目を感じるのでしょうか。周囲に相談できず、精神的にも経済的にも追いつめられることがあるようです。そういうご家族が身近にいたら、ひと声かけてあげませんか？

「何か協力できることはない？」「子どもさん、うちの子と一緒に送っていこうか？」など、普段からさりげなく声をかけてください。すぐに何か頼まれることはないかもしれませんが、「自分たちのことを気にかけてくれる人がいるんだ」と思うだけでも、そのご家族は精神的に助かります。どうしても解決できないような相談を受けたら、「役所の窓口に相談に行ってみない？」などアドバイスを。そして、お子さんのためにも、周囲に「SOS」を出すことは必要であり、遠慮いらないということを伝えてほしいと思います。

第5章

# 入学準備と通学路の確認（入学直前）

今までは保育園のバスやお父さん、お母さんのお迎えなど、必ずとなりに誰かがいてくれたのが、小学校に入学したら、そのときからは子どもはひとり歩きをすることになります。

特に下校時は集団下校をしたとしても、必ず個々の家まではひとりになる時間があります。車や交通ルールにも気をつけながら、家まで帰ってこなければなりません。これは子どもにとってはまさにサバイバル。入学前に「自分で自分を守る」ということは具体的にどうすればいいのかをシミュレーションしておきましょう。

20

# 入学前に親子で準備しておけることはありますか？

入学前にぜひ行ってほしいのが通学路の確認です。それまで必ず誰かと一緒だったまち歩きが、入学と同時に「ひとり歩き」デビューです。子どもにとっては環境が大きく変わります。特に問題のなさそうな交差点でも、子どもにとっては信号がなければ渡るタイミングがむずしかったり、歩道がないと、はじによって歩けないというような子どもも見られます。

そこでおすすめしたいのが、『親子ウォーク』です。親子で一緒に通学路を歩きます。自宅から学校まで、お父さんやお母さんなど、おうちの人と一緒に歩いてみます。途中、横断歩道や見通しの悪い場所、人通りの少ないところなど、気をつけるところをその都度、そこで一緒に確認していくのです。

このとき注意してほしいのは、子どもとの身長差。大人の目では見えても、小さな子どもの目では見えにくいところや、反対に植え込みなどが子どもの視界を遮るケースもあるからです。親御さんは、お子さんと同じ目の高さにしゃがんで、地上からおよそ「一

**「10センチのまなざし」**でチェックしてください。

子どもは経験のないことはとても不安に感じます。しかし、信頼するおうちの人と一緒なら、安心して通学路の情報を受け入れることができ、それが自信にもなります。

可能であれば、入学後のタイムスケジュールに合わせて、朝、起きてから顔を洗って食事をとり、服を着替えて登校するときと同じように準備をします。登校する時間帯に合わせて通学路を歩いておけば、その時間帯の交通量やまちの様子、子どもの足で学校までどれぐらいかかるのかということもわかります。

できれば下校の時間帯にも同じように歩いてみてください。保護者のみなさんもお子さんと一緒に歩くことで通学路を把握できますし、どこに問題があるかもわかり、子どもに「気をつけていってらっしゃい」と言うだけではなく、具体的な注意を与えることができるようになります。

まとめ

親子一緒に通学路を歩き、危険な場所のチェックとともに子どもに自信をつけさせましょう。

# 21

## 「こども一一〇番の家」の利用の仕方は？

通学路を歩きながら、立ち入ってはいけない場所や、気をつけるところを確認し、安全な行動をシミュレーションしておきます。新潟での事件現場のように人気《ひとけ》の少ない場所を通るなら「もし、ここでこわいことや困ったことがあったらどうする？」など、質問しながら、対策を教えてあげましょう。

それとあわせて行ってほしいのが「こども一一〇番の家」の確認です。これは、地域によって呼び名やマークは異なりますが、こわいことや困ったことがあれば、いつでも駆け込んで助けを求められる安全な場所で、警察や地方公共団体などによって設置が進められています。主に通学路にある商店や民家などが協力していて、今ではコンビニやスーパーにもマークが貼ってあるところがあります。和歌山県では『きしゅう君の家』と呼ばれていますし、神奈川県川崎市ではドラえもんが「こども一一〇番の家」のキャラクターになっています。お住まいの地域ではどんな呼び名やマークなのかを確認しておきましょう。ただし、それだけでは不十分です。子どもは入ったこともない家や店にいきなり助けを求めることはできないからです。

親子で「こども一一〇番の家」やお店に入って、そこの人に「この子は四月から○○小学校に入学します。何かあったときはよろしくお願いします」と頼んでおくことです。「何かあったら、こども一一〇番の家に駆け込むんだよ」と言い聞かせるだけではなく、一緒に行った経験があれば「お母さんと一緒に行ったんだから、自分にとっても安全地帯だ」と思えるのです。通学途中に「こども一一〇番の家」がなければコンビニでもいいので、一緒にお店の中に入って頼んでおきましょう。

子どもは経験のないことはとても不安です。「知らない家に行くとどうなるか」ということがわからなければ、入ることはできませんが、親御さんと一度でも行ったことがあれば、安心してＳＯＳが出しやすくなります。

まとめ

通学路の確認と同時に「こども一一〇番の家」の役割を教え、実際にその場をたずねてお願いしておきましょう。

# 22 『こどもの安全マップ』って何ですか？

学校や地域で安全のためのマップが作成され、壁に貼られているのをよく見かけます。これは大人の目線から見た地域の環境点検マップとして意味がありますが、子ども一人ひとりの安全マップとは異なります。

とりわけ就学前の子どもには、安全マップでも、『紙に描かないわたしのマップ』をおすすめします。その目的は、まちや通学路の危険個所を紙に描くのではなく、子どもが自分の足で歩き、安全や危険の情報を自分の体で覚えるのです。その過程には、人や物とのふさわしい距離の取り方や、歩き方、あいさつなども含みます。

子どもがまちに暮らす人の様子を見たり、「こども一一〇番の家」の場所を確認し、その家の人とあいさつしたり、五感を使って危険や安全の情報を集め、体の中にオリジナルの『わたしのマップ』を作成するのです。

子どもの通学路はそれぞれ違います。また、子ども一人ひとりの性質も同じではないように、注意する状況や、イザというときに助けを求められる人や場所も同じではありません。親子ウォークを通して、保護者のみなさんとお子さんがそれらを確認し、情報を共有していることが大切です。したがって、安全マップは、子どもの数と同じ数だけあり、子どもの発達とともに変化していくものです。これが、私の提唱している「紙に描かないわたしのマップ」です。

子どもが自分を取り巻く環境（空間）を感じながら、自分の目で見て、聴いて、感じたことを「体に描き込んで」記憶すること。そうして身につけた力こそが、イザというときに役立つでしょう。

ほんとうに紙に描くマップは、入学後、中学年ぐらいになってから作成することにして、まずは『紙に描かないわたしのマップ』を作成させましょう。

まとめ

親子ウォークをしながら、子どもが自分の体に『安全マップ』を描けば、イザというときの力になります。

23

# 防犯ブザーは必要ですか？

全国の幼稚園の五・二パーセント、小学校では八四・五パーセントで防犯ブザーが配布されています。入学セットの中に防犯ブザーが入っていることもあり、今では小学一年生の九七パーセントは持っているというデータもあります。

子どもが危険を知らせる手段の一つとして、体に取りつけたほうがいいと思います。ただし、配られているものは性能もまちまち。早々に壊れて音が鳴らなくなるなど、小学校の六年間はもたないケースもあるようです。中学年ぐらいになると、つけていない子も出始めます。

防犯ブザーは、たとえダミーであっても、つけていることがひとつの抑止力になります。悪意を持っている人にとっては「鳴らされたらイヤだ」という心理が働くからです。実際に鳴らして周囲の人に知らせることができれば、被害

を防止するのに役立ちます。

ただし、防犯ブザーを首からさげていると、遊具にひっかかって事故につながることやつかまれて引っ張られる危険があります。学校に行くときはランドセルの肩ベルトについているフックにつけます。学校から帰ってきて、ランドセルを置いて出かけるときは、つけていかない子が多いようですが、万歩計のようにウエスト部分につけられるものを準備してあげるといいでしょう。

子どもが外に出かける直前に防犯ブザーを取りつけて、鳴るかどうかをたしかめてみれば、子ども自身の気持ちを引き締めることにもなります。取りつけたということは、鳴らす状況に遭遇する可能性があるという意識を、改めてもたせることができるからです。また故障や電池切れを知ることもできます。定期的なチェックもしてあげましょう。新潟市での女児誘拐殺害事件のように、友だちと別れてひとりになる場所では手に持つようにしてもよいでしょう。

まとめ

防犯ブザーは犯罪の抑止力に役立つツール。下校してからも携行する習慣を。

## 24 防犯ブザーの使い方は学校で教えてくれますか?

「配られた防犯ブザーをつけてあげたし、学校で使い方を教えてくれるはずだから」とお母さんはひと安心……とはいきません。平成一九年の調査では、小学校で防犯教室を実施しているのは九五・八パーセントです。しかし、その中で、防犯ブザーの使い方を具体的に教えているかどうかは不明です。まず、家庭で教えましょう。

ひと口に防犯ブザーといっても、ボタンを押すタイプやひもを引っ張るタイプがあるので、自分の子どもが持っているものはどういうタイプなのかを確認し、使い方を教えてあげてください。

私が行った調査では、被害経験のある小学生のうち、緊急時にブザーを鳴らせた子どもは二パーセントに満たなかったのです。ただでさえ驚きや恐怖で体が思うように動かない子どもに、ブザーを鳴らすという動作は大人が思うほど簡単ではないのです。

鳴らし方を練習したら、次は「どんなときに鳴らすか?」を教えます。しかし、これはなかなか難しいですね。私は子どもに「自分が『こわい』『いやだ』と思ったら、鳴らしていいよ」と教えています。ただし、いきなり鳴らすのではなく、まずは、声をかけられたり誘われたことに対して、イエスなのかノーなのか、意思表示をするように伝えます。「イヤです」と断ったのにしつこく誘ってきたり、イヤなことをされそうになったら、鳴らすようにと教えてあげてください。もし、それが悪意ある人でなかったとしても、それはしかたのないことです。子どもは間違って当たり前。ちゃんとあやまれば許してもらえます。「ごめんなさい」と素直に言えることも大事です。

まとめ

家で実際に鳴らす練習を。「断ってもやめてくれなかったら鳴らしていい」と教えてあげましょう。

# 25

## 「ヘンな人にはついていかないで」と言うと、「ヘンな人ってどんな人？」って聞かれました……。

第一子の小学校入学ともなると、心配のあまり「外にはヘンな人がいるんだから、絶対についていっちゃだめよ」と教えることもあるでしょう。しかし、「ヘンな人がいるんだから」と言うと、それでなくても子どもはこれからサバイバルしなければならないのに「学校の行き帰りにそんな人がいるの？」と不安になってしまうかもしれません。ですから、ヘンな人だとか悪い人だとか、ネガティブなことを先に言わないようにしましょう。

もちろん、外にはそういう人もいるということを教える必要はありますが、それにも順番があって、まずは自分を

見守ってくれる人たちの存在、自分が守られているという安心感を先に教えましょう。

子どもは「ヘンな人」や「不審者」というと、黒っぽい服を着ている人だとか、帽子をかぶっている人、メガネをかけてマスクをしているといった人をイメージしがちです。しかし、現実にはこういう格好をしていない、どこにでもいるような人の場合が多いのです。ただ子どもにそれを見分けろといっても難しいでしょう。見分けるためには、ものさしが必要です。それがあいさつや、相手との距離感など、その場での「ふさわしさ」「心地よさ」が重要になってきます。

極端に言えば、どんなにやさしそうに見えても、ふさわしくない立ち位置、つまり自分に近づきすぎるようなとき、いやなことを言うような場合は、「おかしい」というカテゴリーに入れていいのです。「おかしい」と感じたら、そのときその人の**行為（こと）**には気をつけるように教えてあげましょう。

まとめ

「ヘンな人」「悪い人」を強調するより、「ふさわしさ」や「心地よさ」で判断できるようにしましょう。

26

# 「知らない人にはついていかないで」と教えていますが、それでいいの？

「もし知らない人に声をかけられても、ついていかないで」と子どもに教えている保護者のみなさん。果たしてそれで大丈夫でしょうか？　これまで起こったいくつかの事件をみても、「知らない人」が犯人であるとは限りません。警察庁の統計では、およそ五割りが、「知っている人」によって起こされているのです。

特に注意したいのは、『大人にとっての知らない人』と『子どもにとっての知らない人』は同じでないという点です。大人は話したことがない人を「知っている人」とは思いませんが、子どもにとって「顔見知り」程度でも知っている人になりがち。たとえば、通学途中でよく見かける人は、子どもにとっては「見知っている人」。

私が小学生を対象に実施した調査では、「知らない人」について、低学年は「知らない人＝不審者」、という答えが多く返ってきました。中学年以上になると自分との関係性が理解できて、相手の住所や名前を知っている人とか、情報があるかどうかなどが判断基準になってくるのですが……。

二〇〇五年、広島県で発生した事件の被害女児は、通学路で毎日のように犯人となった男を見かけていて、言葉を交すことはなくても、お互いを認識していたようです。そういう日々がくり返されるうちに、男は女の子にとって見慣れた他人となり、「知っているお兄さん」に変化していったのではないでしょうか。知っているお兄さんになった男に対して、女の子の警戒心のハードルが低くなっていた可能性があり、男からの誘いかけに対して、心を許してしまったと考えられるのです。

親が「知らない人にはついていかないで」と言っても、子どもには本意が伝わっていない可能性があることを知ってほしいと思います。むしろ、ちょっと顔見知り程度の人のほうが警戒心を持ちにくいかもしれません。「知らない人」という抽象的な言い方ではなく「おうちの人と一緒でなければ、誰にもついていかないように」と約束しましょう。

**まとめ**

大人と子どもでは「知らない人」の定義は違います。「知らない人」より、「家族と一緒でなければ、誰にもついていかないように」と約束を。

27

# 家庭での空間教育のすすめ

これまでお話ししてきたように、安全教育、そして防犯教育は、安全で安心な社会を創り出す人の育成も大きな目標の一つです。そのためには、ここでお話しするように、人と人とのあいだに、お互いが心地いいと感じられる空間を創り出すことが重要です。日々の生活の中で、それを心がけることによって安全と安心が確かなものになっていくことでしょう。その場の状況や関係性にふさわしい距離によって生み出される空間を確保することは、人間同士の基本的なマナーなのです。

不審な人を避けるためだけではなく、大切な人を大切に思えばこそ、その人に不快感を与えない距離が必要で、そうしようと思いやる心を育むことが大切です。

次に、それを体現できるように支援していきます。

こうした『人間同士が心地よく感じられる空間を創り出せるようになること』を、安全のための**空間教育**と呼びたいのです。犯罪被害を防止するためとはいえ、子どもたちには善良な一般の人との関わりも視野に入れたコミュニケーションを学ぶところから始めてほしい。だからこそ、空間教育を提唱しています。

この教育は、まずご家族の中で、親子の愛情や信頼を基にして、わが子への教育の一つとして意識して取り入れてほしいと思います。

まとめ

危険を防ぐためには、一般の人との関わりも視野に入れたコミュニケーションを身につけることが大事です。
安全教育は空間教育とも言えます。

28

# 「ヘンな人」や「知らない人」より具体的に子どもに判断させる教え方はありませんか？

人は見かけによらないというように、大人にとっても、その人に悪意があるかどうか見分けることは難しいものです。ましてや子どもがその判断をするのはもっと難しいでしょう。

それならば、子どもにその判断をするための「ものさし」を持ってもらうしかありません。「ものさし」とは、それに照らし合わせることで、「何かヘンだ」と感じるような基準とも言うべきものです。

そのひとつが相手とのあいだにできる空間です。一九六六年にアメリカの文化人類学者のエドワード・ホールが「他人に近づかれると不快に感じる空間（パーソナルスペース）」を分類しました。人にはその関係性において、ふさわしい距離というものがあります。

私はこれを基に、大人と子どもに応用して説明したのが次の距離です。

一「ぴったり距離」（〇～四五センチ）＝たとえば、お母さんと子どもが手をつないでピッタリくっついて歩くときの二人の距離。ここに生まれる空間はお父さんやお母さん、おじいちゃんやおばあちゃんなど、子どもにとって親密なおうちの人との距離。

二「ゆったり距離」（四五～七五センチ）＝お母さんと子どものぴったり距離の腕を、少しゆるめてみましょう。これはお友達や親しい人との距離。相手に手が届くくらいの距離。

三「きっちり距離」（一メートル二〇センチくらい）＝お母さんと子どものゆったり距離の腕

ぴったり距離

ゆったり距離

を、ピーンと伸ばしてみましょう。初対面の人や目上の人などと話すときの距離。相手に手は届かない距離。

これら三つの距離は、⑳に書いた「親子ウォーク」のときに意識し、確認しながら歩いてほしいと思います。

一般的には、外で人とあいさつするときや会話するときなど、相手との立ち位置は、測らなくても自然に取るものです。人は、自分だけがいると心地いい空間というのを持っています。自分の体がすっぽり入ってしまうような、目に見えない大きな風船をイメージしてください。これを**「自分のふうせん」**と名づけました。この風船が重なり合うことでトラブルが起きやすくなります。

たとえば、初対面の人やそれほど親しくない人と「ゆったり距離（四五〜七五センチ）」まで近づくことはしないでしょう。お互いに距離をとって話すものです。これは他人のパーソナルスペースに侵入しないというマナーでもあります。

それにもかかわらず、自分のゆったり距離まで近づいて来て話しかけてくる人。それ

きっちり距離

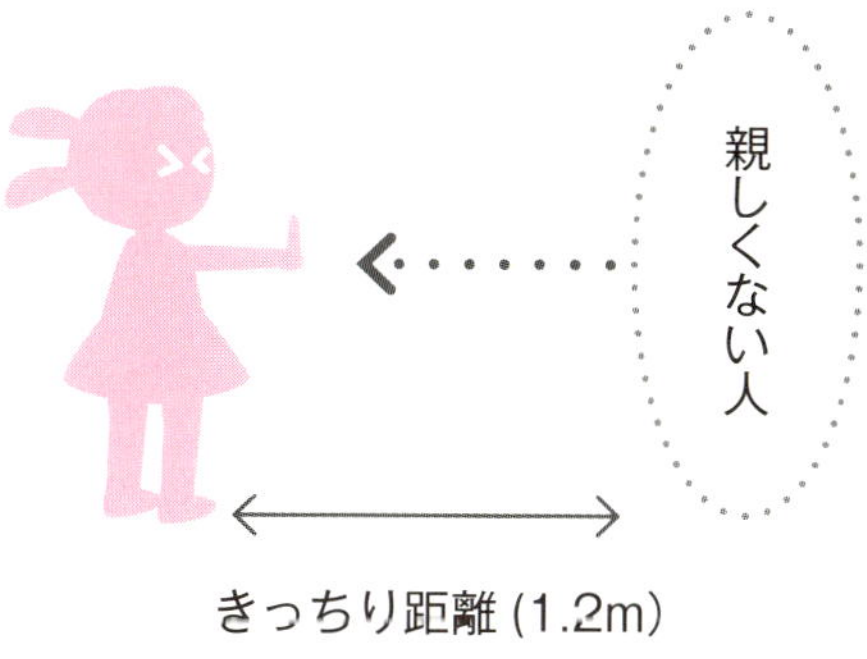


は「おかしいな」という違和感や圧迫感を感じるでしょう。手が届くから危険でもあります。こういう距離感がわかるようになるためには、子どもが信頼できる人たちとのふさわしい関わり、たとえば相応しい距離を伴うあいさつを、毎日経験することからも養われます。

「きっちり距離にいるはずの人がむやみに近づいてきたら、それはおかしいから、依頼を断わったり、防犯ブザーを鳴らしたり、まわりの大人に助けを求めていいよ」と教えてあげてください。大好きなお父さんやお母さんとのぴったり距離が、モノサシになるのです。

これを子どもにも教えましょう。

**まとめ**

日常のマナーとしてパーソナルスペースを知り、「ふさわしくない距離」の場合は「おかしい」と教えましょう。

# 29

## 「コワイ！　と思ったら、とにかく逃げなさい」と教えていますが……。

これまでの防犯教育では、不審者像を強調して一律に逃げるよう教えたり、危険を見分けるために、安全マップなどによって「場所」に注目する指導が見られました。これでは「危険な場所にいる人は危険な人だ」と言わんばかりで不自然な話です。

次に「人」に注目するケースがあります。これがまさに「知らない人」や「黒い服を着て、マスクやサングラスをしている人」に注目する指導です。これは人を差別し、排除や孤立化を招きかねず、日常生活に支障をきたします。

では、何を基準にすればよいのでしょうか？　それは「行為（こと）」です。「自分のふうせん」（パーソナルスペース）に入ってくる人、自分が不快だ、何かへんだと違和感がある行為（こと）（凝視、不自然な声かけ、つかむ・さわる、追いかける、つきまとうなど）は「知っている人」か「知らない人」かに関わらない、ということです。

そういう事態に遭遇したら、とにかく一刻も早くその場から離れて、近くのお店や民家に駆け込むことが大切です。そのためには、普段から「走る」ことに慣れていないと、イザというときにも逃げられません。

今はゲーム機などで遊ぶ子が多く、公園でもゲーム遊びに夢中になっている子どもたちの姿を見かけます。ただ、鬼ごっこやかくれんぼ、リレーなど「走る」「叫ぶ」という動作が必要な昔ながらの遊びも楽しんでほしいと思います。それは、走って逃げたり、大声で助けを求めるための基礎訓練にもなるからです。

家の中でできる遊びが増えてから、子どもの基礎体力は落ちているようです。積極的に外遊びをさせて、体を動かすこと、特に全力で走ることをこの時期にたくさん経験させてください。

まとめ

「場所」や「人」ではなく「行為（こと）」で判断を。鬼ごっこなどは、全力で逃げたり、大声をあげるための基礎訓練になります。その遊び自体の楽しさも知ってほしいと思います。

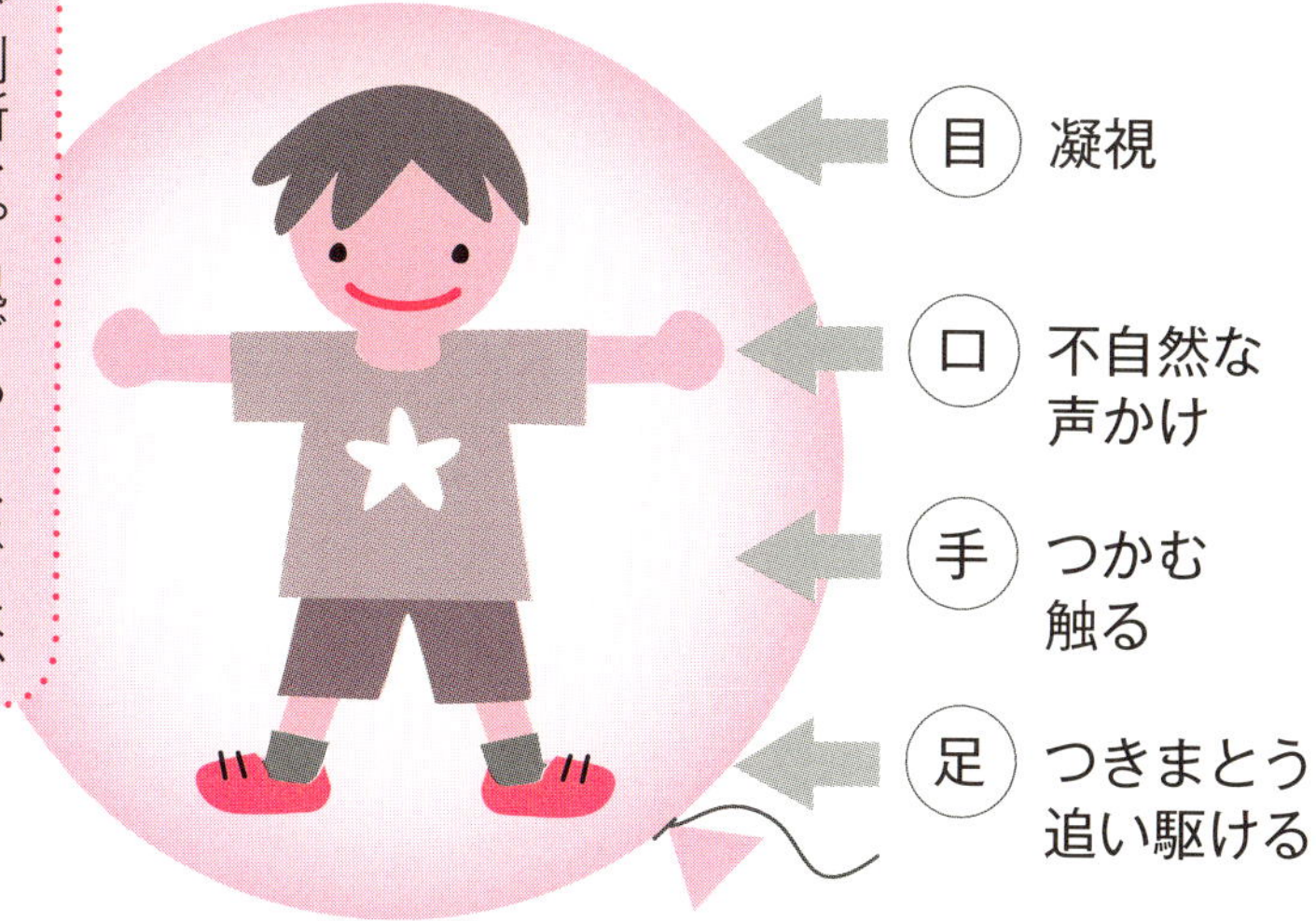


「場所」や「人」ではなく「行為」に注目

# 30 集団登校するから大丈夫？

「朝は集団で登校するから大丈夫」と思いがちですが、遅刻したり、何らかのアクシデントで遅れるような場合は注意が必要です。学校の始業時間になれば、地域の見守りの方たちも帰宅されるので、子どもへの目が行き届かなくなるからです。現に二〇一七年三月の千葉県松戸市の事件は、登校時に起きています。

下校時間は、学年などにより異なるのですが、できるだけ集団で下校するようにしたいものです。また、たとえ集団下校したとしても、一〇〇パーセント事件を防げるわけではありません。その理由は、集団で帰る場合でも、自分の家はそれぞれ違うので、みんなと一緒に歩く道からはなれて、最後は自分ひとりだけになります。この家までひとりになる数分、数メートルのところが死角になりやすいのです。

ちなみに、二〇〇三年の警察庁の統計によると、一五歳以下の子どもが連れ去りに遭遇した場所は、自宅から一〇〇メートル以内が最も多く二六・六パーセント、自宅から五〇〇メートル以内が二〇・八パーセントとなっています。

二〇一四年、岡山県倉敷市で起こった事件もまさにそうでした。犯罪をたくらむ人が子どもをねらう場合、衝動的に実行するというよりは、計画的であることが多いものです。特に倉敷の事件はわかりやすいのですが、連れ去られるときは、犯罪をたくらむ者が気にいった子に「あの子、（好みの）タイプだ」と目をつけます。その子がふさわしいターゲットであれば、声をかける機会をうかがいます。「ふさわしい」というのは、自分より圧倒的に力が弱い存在で、ターゲットをコントロールできると見込める場合です。誰もその子を見守っている目がないとき、その瞬間をどこかで見つければいいわけです。「あの子がひとりになるのはいつなんだろう」とどこからか見ていて、「この子はいつも三時に頃に友だちと一緒に帰ってきて、ここの道を通るぞ」ということを下調べします。

犯罪をたくらむ者にとって大事なのは、ターゲットにうまく近づくことです。そうしないとターゲットを手に入れることができませんし、手に入れたら逃げないと捕まってしまうので、近づきやすさ（接近性）と逃げやすさ（逃走性）がなければなりません（『Cohen, L. E., & Felson, M.（1979）』）。まわりに友だちや大人がいるときは近づいてもうまくいきません。

重要なのは、この「ひとりになるところ」に見守りの目をつくることです。可能であれば、この「ひとりになるところ」まで親などが迎えに行くことがのぞましいのです。

実は見守りの目には二種類が必要です。一つは、学校から子どもたちの自宅付近まで

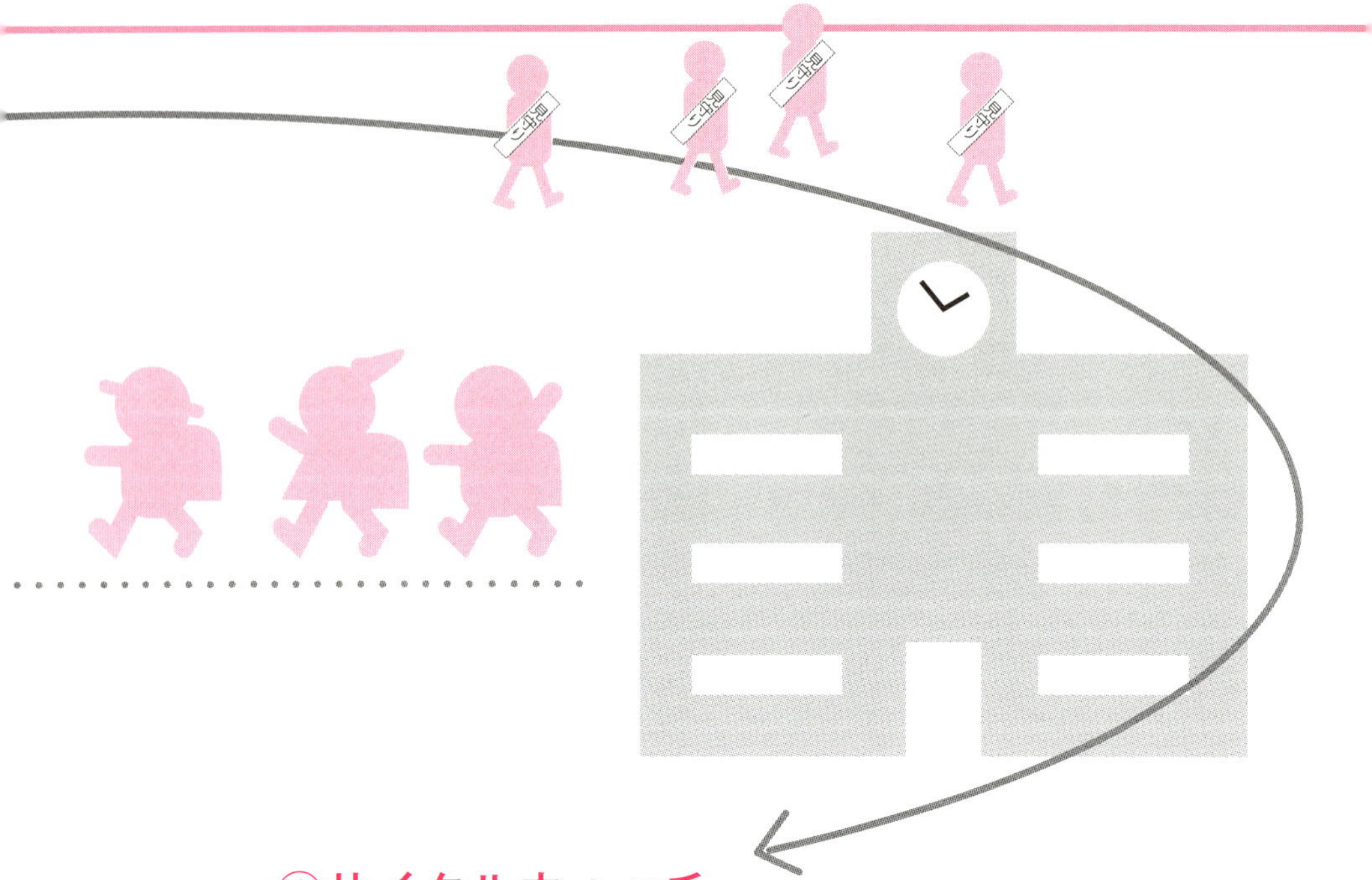


## ①サイクルウォッチ

を含めた地域、つまり小学校区の『サイクルウォッチ』です。学区エリア全体を巡り歩くことによって、犯罪をたくらむ者が「こういう人たちがパトロールしているから近づきにくい」と思わせる。つまり、犯人を捕まえることが目的ではなく、抑止力になっていただく見守りです。

もう一つが、先ほどの「ひとりになるところ」の空白をふさぐ『ラインウォッチ』です。それぞれの帰宅時間に合わせて、商店やご近所の方たちが外に出て、子どもたちの帰宅を見守るのです。ご高齢の方たちには、家の敷地内や外にべ

子どもの安全確保のための2ウォッチ

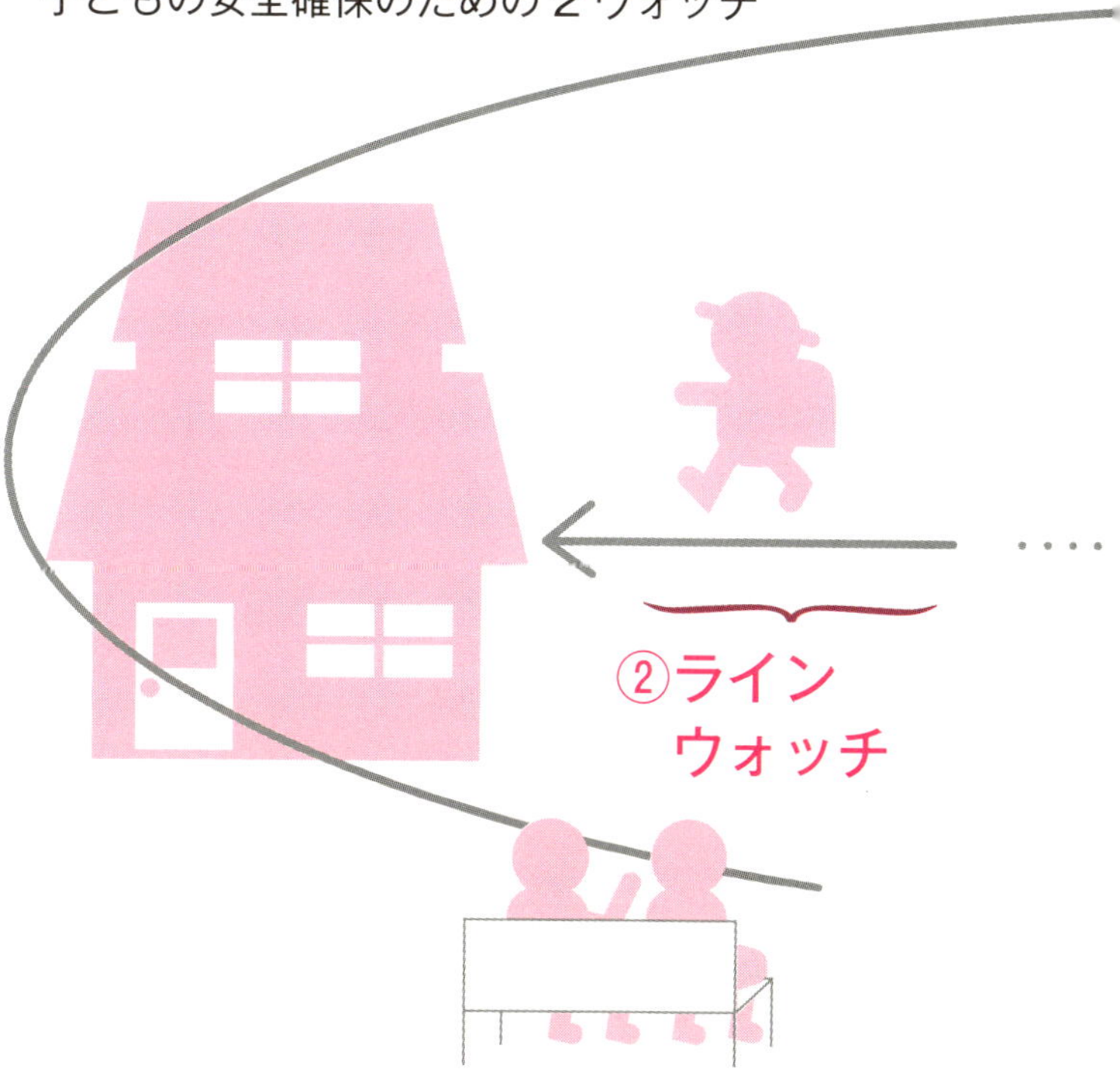


まとめ

集団下校でも家のそばではひとりになる。
その瞬間が最もあぶない。

ンチなどを置いてもらって、子どもたちの帰宅時間にそこに座って見守ってもらう。私はこれを**『見守りベンチ』**と名づけました。子どもたちを見守っている人がいるということが、不審者にとって抑止力になるのです。

このように、子どもたちの下校時も地域の方たちに協力をあおぎ、人の目がない状況をつくらないことが重要です。

善意の声かけが、場合によっては『子どもをねらう人』に間違われるかもしれないと、それを恐れて見て見ぬフリをしてしまう人もいるかもしれません。あとになって「あのとき、言葉をかけてあげればよかった」と思うよりは、勇気を出して言葉をかけてあげる大人でありたい。真剣な思いは子どもたちに伝わると私は信じています。

# 子どもに「言葉」をかけるときのマナー

2015年の夏、大阪府寝屋川市で起きた中学生ふたりの殺害事件では、夏休みとはいえ中学生が夜遅く、まち中にいたことに違和感を覚えた人も少なくないでしょう。

まちには24時間営業のコンビニエンスストアやファミリーレストランがあり、そこに未成年者がいても、あまり違和感を感じなくなってしまいました。そういう意味では、私たちも時間の感覚が麻痺しているのかもしれません。

しかし、もし、誰かが声をかけて、帰宅するように促すか、警察などしかるべき人に連絡していれば、あの事件は防げたのではないかという無念さが残ります。

子どもが遅い時間、ふさわしくない場所にいるなど、気になった時は、ぜひ言葉をかけてあげましょう。その場合、身をかがめ子どもと目線の高さを合わせて「こんばんは」などと、はじめに必ずあいさつをして『きっちり距離』を守ります。いきなり体、頭や肩などに手をかけたりはしません。そして簡単に自己紹介をします。

子どもには、「こんな時間に外にいちゃダメだよ」など頭ごなしに否定せずに「遅い時間だけど、どうかした？」「何か困ってるの？」などとやさしく聞いてあげてください。場合によっては、児童虐待のような家庭環境も考えられるので、「家に帰りなさい」と無理強いしないことです。子どもがすぐに話してくれなくても、あきらめず、次の日も声をかけてあげましょう。自分を気にとめ、心配してくれる人がいることは伝わります。言葉がけが難しければ、警察や学校に伝えるという選択肢もあります。

# 第6章

# 小学生と社会との関わり（7〜12歳）

家庭での防犯教育を土台にして、外でたくさんの人たちのあいだに入って自分を守り、まわりの人たちの安全に配慮できるという自分の行動も身につけていく具体的な段階です。それとともに自分がひとり歩きするまちは、自分を見守ってくれる地域の人たちが大勢いてくれるという安心感を得ることも目標になります。

# 31

## 学校が遠いのですが、交通手段がないので歩いて通学します。気をつけることはありますか？

少子化により、学校が統廃合されることも珍しくありません。すると、子どもの足で三〇分以上かかる小学校まで歩いていく必要が出てくることも。特に地方では切実な問題で、通学路に人家がない場所があったり、人通りの少ない道を通らなければならないこともあります。それに対し、集団で登下校させたり、スクールバスを走らせたり、途中まで保護者が交代で迎えに行ったり……。いろいろな策が講じられています。こうしたケース

では、より地域のパトロールやPTAなどによる見守り活動を行うなど、見守りの目を創り出す工夫が必要でしょう。

　こういった社会的な要因による問題は、子どもに「気をつけて帰ってきてね」と言うだけでは困ります。子どもが安心して学校に通えるように環境を整えるのは大人の役目です。保護者のみなさんは、地域の協力を得て、子どもの安全な環境づくりに参加してほしいと思います。

**まとめ**

子どもに「気をつけて帰ってきてね」と言うだけではダメ。
安心して学校に通えるように
環境を整えるのは大人の役目です。

# 32

# 私立の小学校に通います。電車やバス通学で気をつけることはありますか？

遠距離通学は、子どもに地元の方たちによる見守りの目が期待できません。地元の小学校なら、地域の方たちは顔見知りで見守りの目がありますが、遠くから電車やバスを利用している子たちは、地域外に出ているため、その分、危険との遭遇リスクが高くなりがちです。特に私立の小学校や国立の附属小学校などに通学する場合は、電車やバスなど乗り物を利用することも多いでしょう。

その場合、乗る電車や車両がだいたい決まってきます。人間は日常的に活動するコースがだいたい同じパターンになるものです。すると、そこで危険に出遭うリスクが高くなることがあります。

たとえば、朝七時半の電車の、前から三両目に毎日乗っていると、それを知った痴漢に狙われることもあります。対策としては、時々行動を変えることです。

バスなら運転手さんのいる入口のそばに乗りましょう。逃げる場所がない奥の窓側には座らないことです。混んできたらマナーとしては奥に詰めるべきですが、人に見てもらえない分、万が一の場合は自分で危険信号を発信しなければなりません。ボタンをひとつ押せば携帯電話の着信音が鳴るようにダミー音を設定しておくとか、防犯ブザーに手をかけておくといった、対策も教えてあげてください。

ただ、混んだ車内で防犯ブザーは鳴らしにくいかもしれません。着信音のほうが自然にまわりの人の注意をひくでしょう。

遠距離通学は、地元の方たちの見守りの目がない分、危険のリスクが高くなることを理解したうえで、子どもの安全対策を。

まとめ

電車は時々乗る車輌を変える。
バスは奥の座席に座らない、
防犯ブザーや着信音の利用などの安全対策を。

# 33 GPS端末や携帯電話を持たせれば安全？

遠方の私立に通学する子どもはもちろん、国立大学の附属小学校に通っていたり、通塾などで帰りが遅くなる場合に持たせていることの多い携帯電話。今は携帯電話にGPS機能がついていて、両方の機能を合体させたものが主流になっています。では、これを持たせれば安全なのでしょうか？

勘違いしがちなのは「安全」と「安心」は別ものということです。持たせていれば子どもが今、どこにいるかわかるので、親御さんはひとまず安心できるかもしれません。でも、それで安全とは言い切れません。GPS付携帯電話を持たせて現在地がわかったとしても、親とは物理的に距離が離れています。子どもが危険な目にあっていてもかけつけることはできません。持たせたら親は安心だけれども、イコール安全ではないということを知ってほしいと思います。

子どもに危害を及ぼそうとする人も、そのことはよくわかっているでしょうから、取り上げて捨てられてしまえば意味がありません。「携帯電話を持たせているから安心」という過信こそが怖いのです。

また、持たせることで子どもたちの行動が不規則になることもあります。子どもは誰とどこに行って何時に帰ってくると言ってから出かけたからには、一応、言った時間には帰ろうと努力します。しかし、今は携帯電話で簡単に連絡ができるので、そのときどきで行動を変えやすくルーズになりがち。

親は、GPS端末や携帯電話で居場所がわかるという点で安心感があるかもしれませんが、偽装工作に使われることもあり、深刻な事態の発見を遅らせることもあります。長所と短所の両方をよく考えて、持たせる場合は、使い方のルールをよく話し合っておきましょう。

**まとめ**

連絡には便利なツールも、
持たせれば安全ということではありません。

# 34

# 名札はつけないほうがいいでしょうか？

一年生になったら、子どもの背中にはピカピカのランドセル、そして胸には名札……という姿が一般的だったのはひと昔前の話。今は名札をつけていない小学生が増えています。

その理由は、名札をつけていることで、子どもを狙う人から、名前で呼ばれてしまう心配があるからです。子どもは自分の名前を呼ばれると「自分を知っている人だ」ととらえて、警戒心が薄れやすくなります。「……ちゃんだね。ボクはお父さんの知り合いなんだ」などと嘘をついて子どもに近づく人もいるかもしれません。つまり、名札をつけていることで、子どもをねらう人にも『名前』という情報を与えてしまうことになるのです。

そんな理由があり、登下校時には名札を裏返しにして見えないようにして、学校に着いてから名札の名前が見えるようにするのです。手提げや体操着入れなども、内側に名前を書くようにすることが大切です。

今は、遠くから名前の文字が見えづらく、近づけば見えるというような防犯用の名札も開発されています。学校を含め、みなさんで検討してみてはいかがでしょうか。

名札は学校外では裏返す

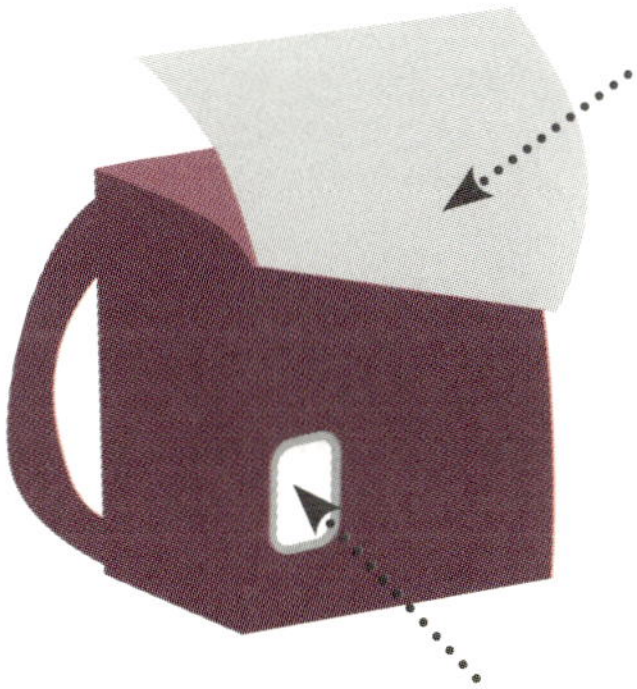

鞄の中や裏に書く

まとめ

名札で子どもをねらう人に名前を知られる心配が。登下校時は裏返しにするなどの工夫を。

35

# 子どもに家のカギを持たせてもいいですか？

お父さんもお母さんも日中は仕事で不在。子どもが帰ってきたときに、家には誰もいないというご家庭は少なくないでしょう。

そうなると、子どもにカギを持たせなければなりません。ただし、管理には十分、注意するように教えておく必要があります。

よく見かけるのが、紛失しないようカギに紐やストラップなどを通して、首からかけている子ども。これは防犯上やめてほしいと思います。カギをぶらさげていることが誰の目にもわかりますし、子どもをねらおうとする人に「家に帰ってもひとりだよ」と教えるようなものです。目をつけられる確率が高くなり、場合によってはあとをつけられて、家がわかってしまう心配もあります。また、事故防止の面からも、遊具にひっかかったり、引っ張られて大ケガをする可能性もあります。

カギはランドセルの内側のポケット入れるか、あるいは、名札がバッジや定期入れタイプのものなら、裏側に見えないように入れておくという方法もあります。

いずれにしても、カギを持っていることが他人に見えないようにすること。子どもとよく話し合って、失くさないような工夫と同時に、入れておく方法を決めておきましょう。

まとめ

ランドセルの中に入れるなど、他人から見えない工夫を。首にさげるのは絶対にやめましょう。

# 36

# 「大声を出してまわりの人に知らせなさい」と教えていますが、それでいいでしょうか？

こわいことがあったとき、子どもは「助けて」と声をあげられるでしょうか？　私が行った調査では、危険な行為（こと）に遭遇した小学生のうち、実際に声を出せた子は一パーセントほどでした。緊張性静止＝体が硬直してしまうという現象が起きてしまい、普段は元気のいい子でも、声が出なくなってしまうのです。

大声を出せない場合こそ、防犯ブザーを使いたいところですが、それも普段から使えるようにシミュレーションしておかない

と難しいでしょう。イザというとき、子どもにやってほしいのは、すみやかにその場から離れて、まわりの大人に知らせることです。

「大声出して」や「気をつけて」と注意するだけでは、子どもは何をどうしたらよいのかわかりません。「自分がこわいと思ったとき、断わってもやめてくれないときには、防犯ブザーを鳴らし、それもできないときはその場から離れて、大人に知らせること」と教えてあげてください。

まとめ

「大声を出して」と注意するだけでは被害を防げない。「その場から離れて、大人に知らせて」と具体的な教示やシミュレーションを。

37

# 大声を出せない子に、何かいい方法はありませんか？

「うちの子はこわがりだから、イザというときに防犯ブザーを鳴らしたり、大声で助けを求めたりするのは難しいかもしれない」とご心配の保護者のみなさん。お子さんと一緒に『たすけてカード』を作ってみませんか？

『たすけてカード』とは、子どもの緊急事態を周囲に伝えるためのカードです。目立ちやすい色（黄色）などの紙を準備し、表面には大きく「たすけて」という文字と、それより少し小さめに「今すぐ、私を保護してください。警察に連絡（一一〇番）してくださ い」という文を書きます。これをパウチにするなどして子どもに持たせて「何か困ったことがあったときは、このカードを周囲の人に見せて」と約束しておきます。また、お店の方にお願いして、子どもがカードを見せるシミュレーションもできるとよいでしょう。

まとめ

『たすけてカード』を作成し、
子どもに常に持たせて練習させましょう。

こまっています

**たすけて!!**

今すぐ、私を保護してください。
警察に連絡(110番)してください。

たすけてカード(表)

子どもの保護者です。
今、子どもは怖いことや困ったことにあい、
困っています。
警察に連絡してください。
よろしくお願い致します。

たすけてカード(裏)

↑ ↑ ↑
コレをコピーして使えます。

# 38

## 小学生は自分で自分を守れますか？

考えたくはありませんが、もし、子どもが学校の登下校中や放課後、外で遊んでいるときに連れ去りにあいそうになったら……。子どもは自分で自分を守れるでしょうか？

日頃から、親御さんたちが緊急時の対応策として「防犯ブザーを鳴らして、すぐに走って逃げなさい」とか「こども一一〇番の家に逃げ込んで」など言い聞かせていたとしても、緊急時にその通りにできるとは限りません。

私が行った調査では、不自然な声をかけられたり、つきまとわれたり、追いかけられるなどの行為（こと）に遭遇した子どもは六～七人に一人みられました。

こうした行為（こと）に対して、商店にかけ込むなどして難を逃れた子どもがいます。しかしその一方で、どうしたらよいのかわからず、動けなくなってしまった子どももいます。

このように、いつもは元気で活発な子どもでも、緊急時には驚きや恐怖で頭の中がまっ白になり、体が硬直してしまったり、声が出せなくなることが少なくありません。ですから、日頃から防犯教育を行い、イザというときのために訓練しておくことはとても大切です。

まとめ

緊急時には体が動かなかったり、声が出せないことも。イザというときのために防犯訓練が大切です。

39

# イザというときのために、できる訓練はありますか？

先の調査から、小学生が危険な行為（こと）に遭遇したときには、大人が考えているような対応策を実行するハードルは、かなり高いことがわかりました。そこで私は、これまでの調査や計測などをふまえ、科学的根拠に基づいた防犯教育プログラムとして『防犯体験ミヤタメソッド』を開発しました。緊急時の対策には、知識を学ぶだけではなく、それを体現できることが大切です。

保護者のみなさんが「もしものときは、大きな声をあげて助けを求めなさい」「防犯ブザーを鳴らしなさい」と教えても、先の結果でもわかるように、実際にそれを実行できる子は少ないのです。また、同調査では、子どもが緊急時に『取りやすい行動』と『難しい行動』があることも明らかになりました。

緊急時には、自分の状況を周囲の人に『伝える力』（断る、叫ぶ、防犯ブザーを鳴らす）と、人のいるところに駆け込む、助けを求めるといった『求める力』の二種類の行動が必要です。

『防犯体験ミヤタメソッド』では、この二つの力を高めるプログラムから成り、各地の小学校で防犯教育の授業が行われています。

まとめ

科学的根拠に基づいた『防犯体験ミヤタメソッド』で、命の守り方を具体的に学びましょう。

# 40

## 重いランドセルを背負って逃げられるでしょうか?

危険に遭遇してしまったときは、とにかくその場から離れることが第一です。しかし、もしそれが登下校の途中だった場合、子どもたちは重いランドセルを背負っているため、逃げることをより困難にすると考えられます。

私は、二〇一一年にこのケースを想定して、ランドセルを背負っているときと、そうでないときの子どもの走力の違いを計測しました。小学一年生の授業スケジュールのなかで、教材入りのランドセルが一番重いとされた日の平均重量は三・六キロ。この重さのランドセルを子どもたちに背負ってもらい、背負っていないときの走力と比較しました。

その結果、ランドセルを背負っているときは、背負っていないときに比べて、男子で平均〇・三三メートル／秒遅くなり、女子では平均〇・二三メートル／秒遅くなりました。これは、一〇秒間でおよそ三メートルの遅れが生じるということです。つまり、ランドセルがなければ、三メートルは遠くに逃げられる可能性があるということです。この結果は一般化できることがわかりました。

緊急の場合は、大切なランドセルを手放してでも、身軽になってその場から一刻も早く離れること。私はこれを『ノーランドセル』と名づけて『防犯体験ミヤタメソッド』の中で教えています。

まとめ

緊急の場合は、とても大切なランドセルでさえも手放して、身軽になって逃げてかまわないことを教えましょう。

# 41

## 自転車で出かけるときは大丈夫？

自転車に乗れるようになると、子どもたちの行動範囲は広がります。でも、ひとりで出かけるときは注意が必要です。保護者のみなさんも「自転車だから」と案外、気にしていないのではないでしょうか？　しかし、危険があることに変わりはありません。

自転車に乗っていて、自転車で追いかけられた子どももいますし、コンビニやお店から出てきたところを、自転車に乗った人に追いかけられたり、暗くなって帰るとき、近道しようと暗い道を通ったところ、車で待ち伏せされて、自転車ごと倒されたという事件もあります。「自転車だから、ひとりでも大丈夫」というのは過信です。むしろひとりだけで行動しやすく、行動範囲が拡がってしまうところに危険があります。

まとめ

自転車でも危険は同じ。
むしろひとりで行動できてしまうことで危険が増します。

42

# ひとりでお留守番をさせてもいいですか？

子どもにひとりでお留守番をさせるのは、できれば避けたいものです。でも、そうはいかない場合もありますよね。その場合は「これだけは守ってね」というシンプルな約束をつくりましょう。

それは「チャイムが鳴っても出なくていいよ」「留守番電話にしておくから、電話が鳴っても出なくていいよ」というように、子どもが迷わないですむような約束です。

ひとりでお留守番をさせる場合、大切なのは外との接点をつくらないようにすることです。もし、ドアを開けてしまうと、ドアチェーンをつけていても、悪意ある人は言葉巧みにドアチェーンをはず

すように子どもを誘導するでしょう。すると「お母さんはダメだと言ってたけれど、どうしよう?」と迷ってしまいます。

電話も同じです。電話に出ていいのは留守番電話の応答メッセージが流れて、お母さんやお父さんの声が聞こえたときだけにしましょう。

チャイムが何度も鳴ったり、しつこく電話が鳴り続けると、子どもは「出なくていいのかな?」と不安になるものです。「お母さんが帰ってきてからちゃんと対応するから、出なくても大丈夫だよ」と安心させてあげてください。

まとめ

ひとりのお留守番は避けたい。
どうしても必要なときは外部と接触しないように
「チャイムにも電話にも出ない」というルールを。

# 43 もし、人に道を聞かれたら?

小学校では平成三〇年度より、道徳が「特別な教科」となります。

道徳の授業では「困っている人がいたら、親切にしてあげましょう」と教えますが、一方で「人に道を聞かれても、話をしてはダメ」というのでは矛盾していますね。子どもは「いったいどうしたらいいだろう?」と迷ってしまいます。

保護者のみなさんも同じ迷いを抱えていらっしゃるのではないでしょうか。わが子には「他人にも思いやりを持てる、やさしい子に育ってほしい」と願う一方、「そのやさしさがあったばかりに悪意ある人に連れ去られたり、犯罪に巻き込まれるかもしれない……」という心配もあります。私はこれを『防犯モラルジレンマ』と名づけました。

困っている人に道を教えてあげることは親切な行為(こと)ですから、子どもには「教えてあげましょう」と教えます。ただし、「きっちり距離」を保ったまま、そこから動かないで。一緒に行くのは絶対にナシ。と約束してください。

「駅はまっすぐ行って、右に曲がるとありますから、行ってみてください」というように教えてあげてます。それでも「わからないから連れて行って教えてほしい」と言われたり、「きっちり距離」よりも近づいてくる場合は、断わるようにと教えてください。子どもには「一緒に行かなくても、その場で教えてあげたら、それで十分親切なんだよ」と強調しておけば、子どもは「人には親切にしなさいと言われたのに、親切にしなかった」と悩むことはありません。

このような場合の対応を考える映像教材として、私は『防犯モラルジレンマ学習』を開発しました。子どもが声をかけられたとき、「親切で言ってくれているのか？」「誘拐につながるようなものなのか？」という判断について、防犯対策と道徳的対応の必要性を理解できる内容になっています。人を疑うだけでもよくないし、すべて信じてしまうのも危険。断ることは意外に難しいけれど、悪いことではないということに気づいてもらい、その場面、場面に応じて行動できることをめざすものです。

インターネット上で限定公開しています。（国立青少年教育振興機構子どもゆめ基金 平成二七助成による）　http://kodomoanzen.org/safety_video.html

まとめ

「きっちり距離を守る人なら、その場で教えてあげて。でも、一緒に行ってはダメ」と念押しをしましょう。

# 44

## テレビを見ていたら、子どもが誘拐されたという報道が流れました。こういうときはどうしたらいいですか？

子どもが被害者となる事件などは、わが子の耳に入れたくない、と思われるかもしれません。しかし、「こわいこともある」ということを少しずつ教えましょう。ただ「誘拐されたら、もう帰って来られなくなっちゃうからね」とおどかすのではなく「そういうこともあるけれど、お父さんやお母さん、地域の人たちがしっかり見守っているから安心だよ」と教えてください。

悲しいことですが、そういった事件が起こるのは現実ですし、子ども自身が被害にあったときに初め

て知るというのでは困ります。階段的に少しずつ、こわいことも教える必要があるのです。ただし、その教え方は、テレビを見るときなら、抱きしめたり、手をつなぎながら「そういうこともあるね。だけど、まちにも見守ってくれる人がいるでしょ。だから大丈夫なんだよ」ということを教えてあげればいいのです。あまりこわがらせると「学校に行きたくない」とか「外はこわい」となってしまいます。

教えるときは、子どもにもわかるように教えてあげることが大事。現実なのですから、ごまかす必要はありません。ただ、必ず安心とセットで教えてあげましょう。

まとめ

危険な情報を隠す必要はありません。
ただ、「安心とセット」で教えてあげましょう。

# 45 塾の帰りなど、夜間の外出時に気をつけることは？

保護者のみなさんが子どもの頃は、親に「暗くならないうちに帰ってきなさい」とか「六時までには必ず帰ってきなさい」など、門限を決められていたのではないでしょうか？　しかし、今は小学生でも塾や習い事などで、夜遅く帰る子が増えています。

私の調査では、そもそも門限を決めている家庭は、およそ六割しかないという結果でした。

もはや、子どもの夜間の外出は避けられないとすれば、そういう場合の対策も考えておく必要があります。事件が夜に起こるとは限りませんが、やはり暗くなってからのほうが心配です。

塾に何人かのお友達と一緒に通っているなら、必ず、お友達と一緒に帰ってくるように約束させましょう。少しぐらい遠回りになっても、人通りのある明るい商店街やメインストリートを通って帰ってくるようにさせること。どこを通るべきか、学校への通学路のときと同じように、塾までの道を一緒に歩いておくといいでしょう。

電車やバスを利用する場合は、駅や停留所まで保護者が迎えに行ってあげるのがベストです。お父さん、お母さんも忙しいでしょうから大変だとは思いますが、子どもの安全にはかえられません。

現在の塾は、着いた時間と帰宅した時間をメールで知らせるサービスなどもあります。夜間の外出時も、子どもをひとりにさせないことは重要です。そのこともよく考えたうえで、塾とも連携を取り、子どもがひとりにならないよう、送迎する必要もあります。

まとめ

夜間外出時も子どもをひとりにさせない工夫を。場合によっては保護者が送迎することを念頭に、通塾させるか決めましょう。

46

# 子どもにスマートフォン（スマホ）を持たせてもいい？

国立青少年教育振興機構が行った『青少年の体験活動に関する実態調査』（平成二六年度）によると、従来型の携帯電話（いわゆるガラケー）もしくは、インターネット機能搭載のスマートフォンの所持率は、小学一年生で一五・五パーセント、六年生では三三・七パーセントという結果が出ています。

学校からの緊急連絡がメールやLINEで送られてくることもありますから、保護者のみなさんもお持ちの方が多いと思います。しかし、子どもにスマートフォンは必要でしょうか？

塾で帰りが遅くなるから、お迎えの連絡用に必要だとか、先に述べたように「持たせておいたほうが安心」といった声もあるでしょう。

一方で、犯罪に巻き込まれる可能性が心配です。昔のように自宅の固定電話であれば、いつでも電話をかけるというわけにはいきませんし、子どもが誰とどんな用件で話しているかを親御さんは把握しやすかったのです。ところがインターネット機能を備えたスマートフォンは、いつでも誰とでもつながることができるため、保護者のみなさんが知らないところで、トラブルに巻き込まれる可能性も出てきます。

以前は通話料金やパケット料金が高かったので、請求書を見れば子どものスマホの異常な使い方に気がつくことができました。しかし、現在は定額制が普及して、どんなに通話しても、どんなにネットにつないでも料金は変わらず、気づくことがむずしくなっています。

スマホはパソコンと同じような機能を持つ端末です。たとえば、それが違法サイトであったり、アダルトサイトであっても見ることができます。子どもは好奇心が強く、スマホのような端末操作の覚えも速いので、大人以上に使いこなすことができます。コミュニティサイトで知り合った友達に「いいお小遣い稼

ぎができるから、やってみない?」と誘われて、知らないあいだに振り込め詐欺の受け子にさせられたようなケースもあります。よからぬことを考えている人たちとも、つながってしまう可能性があるのです。ですから、あまり小さいうちからスマホを持たせて慣れさせてしまうと、身近なものであるがゆえに、警戒心を持たなくなってしまうこともあるでしょう。

また、グループLINEなどは便利ではありますが、いじめの温床になることもあります。スマホによるいじめは家に帰ってからも逃げ場がなく、外から見えにくいのが特徴です。「LINEに参加するなら、お母さんも参加させてね」と一緒にグループに入ってはいかがでしょうか。

最近のスマホは進化しすぎて、保護者のほうが子どもについていけないこともあります。スマホを持たせることを否定はしませんが、その場合は、まず、子どもと一緒に使い方を考えましょう。親が

一方的に規制や制限を提示するよりも、子どもは納得して守りやすくなります。

有害サイトにアクセスできなくするフィルタリングサービスの利用は大前提です。また、パケット料は定額制ではなく従量制にし、暗証番号も設定しない方がよいでしょう。

たとえば使っていい時間帯や、「一日に三〇分以内ね」といった約束もさせましょう。家族で食事をしている際に使ったりするのはＮＧです。それは保護者のみなさんも同じ。家族だんらんの時間は、スマホよりも親子の会話を。夜八時か九時になったら、スマホの使用はやめて、家族全員がリビングの充電器に置くといったルールを決めましょう。お父さんやお母さんが使っているのに、子どもにだけダメと言っても、子どもは納得しないでしょう。まず、保護者のみなさんが率先してスマホの使い方の手本になってあげてください。

まとめ

スマホが犯罪との接点になることも。
利用に制限をかけ、ルールをつくって守らせましょう。

# 『狙われやすい子ども』の特徴

子どもたちが被害者になった事件を調べていくと、ある傾向がみえてきます。それは、子どもをねらう人には、次のような子どもの『違和感をもたせる行動』をとらえているのではないかということです。

**①この時間になぜここにいるのだろう？**

本来、子どもがいるはずのない授業中や深夜などの時間帯に外でウロウロしている。

**②なぜこの場所に子どもがいるのだろう？**

子どもがいるのにふさわしくない繁華街、居酒屋などにいる。

**③いったいどこへ行くのだろう？**

目的もなさそうに、ぶらぶらしている。ぼんやり歩いている。

**④年齢や場所などに不釣り合いな服装•持ち物を持っている**

いつも汚れたまま、だらしない服装でいると、親にかまってもらっていないのではないか、とみられることがある。

**⑤ひとりきりで歩いている、遊んでいる。**

見守りの目をもたず、ぽつんと一人でいる。

**⑥はっきり意思表示ができない イエス、ノーが言えない。**

ただし、これらは子どもが悪いわけではありません。子どもがこうした状態にならないですむように、お父さん、お母さん、または周囲の大人が気をつけてあげることです。

# 第7章

# 夏休み期間の防犯教育（長期休暇中）

夏休みなどの長期休暇中は、子どもたちの生活のリズムが乱れてしまいがち。新学期からの学校生活にすぐに適応できるように、生活のリズムを変えないように注意しましょう。また、子どもには時間に余裕があるので、通常の防犯教育の復習や見直しができる時期でもあります。普段、子どもとのふれあいが少ないと感じているお父さん、お母さんは、子どもとしっかり向き合う時間を取ってあげましょう。

47

# 夏休み中、どうしても生活のリズムが変わってしまいます……。ひとりになることも多いのですが。

学校に行っているときは規則正しい生活を送っているのに、夏休みに入った途端、毎日家でゲームばかりしている……。そんな保護者のみなさんの声を聞きます。

学校では時間割がきちんと決まっていて、子どもたちはスケジュールに沿って行動します。しかし、夏休みは自宅で保護者がスケジュール管理をするか、もしくは、日中、ご家族が不在の場合は、子どもが自主的に時間の管理をしなければなりません。せっかく身についている規則正しい生活のリズムを崩してしまわないように、また、犯罪に巻き込まれないように、夏休み中の過ごし方について、夏休み前にお子さんとしっかり話し合っておきましょう。

まずは、夏休み中にどんなイベントがあるのかを書き込んだ『わが家の夏休みカレンダー』を作成しましょう。この日は学校のプールに行く日、この日は花火大会、この日は家族と旅行など、あらかじめカレンダーに記入して、親御さんもお子さんも目につくところに貼っておき、情報を共有します。これでいつ、どんなイベントがあって出かけるのかがわかりますから、子どもがひとりきりで行動しなくてはならない状況がないか、確認できます。保護者が同行できなければ、一緒に行く友だちがいるか確かめてお願いしましょう。その場合でも、親が途中まで迎えに行くことも大事です。子どもの友だちの家庭などと交替でできるようにしましょう。

次に、一日の時間割を作ります。保護者が一方的に決めるのではなく、子どもと相談しながら作成してください。たとえば、涼しい午前中に夏休みの宿題をやってしまう。午後は少しお昼寝をしたり、好きなことをして遊んでいい時間、というふうに。

これを決めておかないと時間のメリハリがなくなり、一日中、ダラダラしっぱなしになります。

特に注意してほしいのは、起きる時間と寝る時間。これは学校に行っているときとなるべく変えないようにしましょう。夜更かし朝寝坊のクセがついてしまうと、二学期が始まったとき、あわてて出かけることになり、交通事故や犯罪に巻き込まれやすくなります。

ひとりでお留守番は、高学年でもやはり心配です。特に、ゲームやスマホを与えて、ひとりにしておくというのは避けたほうがいいと思います。

日中、一緒にいられない保護者のみなさんは、夜にでも、子どもにその日一日をどう過ごしたか聞いてあげましょう。同時に翌日の予定も確認しておき、外出する予定があるならその際の注意などもしておきます。

親子のコミュニケーションを密にしながら、貴重な夏休みを大切に過ごさせてあげてください。そして、一緒に楽しい思い出をたくさんつくってあげましょう。

まとめ

夏休み中のイベントカレンダーと一日の時間割を作る。
親子で毎日の予定を確認し、一人になる状況の確認と対策を。

48

# 子どもは何時まで外にいていいのでしょうか？

日本はほんとうに治安のいい国です。それ自体は素晴らしいことですが、遅い時間に子どもがコンビニに行っても、ファミレスにいても、あまり違和感を感じません。

しかし本来は、子どもは夜間、外にいていいわけではありません。これは意外に知られていないのですが、地方公共団体が制定している条例では、ほとんどの都道府県が子どもの深夜外出を制限しています。

たとえば東京都の場合、青少年の健全な育成に関する条例には深夜外出の制限があります。「通勤または通学その他の正当な理由がある場合を除き、深夜（午後十一時から翌日午前四時まで）

に青少年を外出させないように努めなければならない」とされています。もし、これに違反した場合は、三〇万円以下の罰金に処せられる、となっています。

「夏休みだから」「毎日じゃないから」と、つい保護者も気を緩めてしまいがちですが、子どもの頃から夜、出歩くことに慣れてしまうと、夜に行動することに抵抗がなくなり、危険性を感じにくくなります。特に夏は遅くまで明るいし、寒さに震える心配もありませんから、遅くまで外で遊びがちです。

二〇一五年に大阪府寝屋川市で起きた、中学生ふたりが殺害された事件のように、夜、出かけることには危険もともなうことを、保護者のみなさんはよくご存知だと思います。

小学生なら、たとえ保護者が一緒であっても、夜八時頃までには帰宅し、九時～一〇時頃には寝る習慣をつけたいものです。こうした生活習慣を身につけることが、安全の基本。夜は不用意に子どもを外に出さないことです。

まとめ

条例では深夜の外出を制限しています。
小学生なら、夜八時頃までには帰宅することが望ましい。

# 49

## 夏休み、保護者や大人と一緒に出かける機会が多くなります。気をつけることはありますか？

子は親の鏡。親（養育者）のしていることを見て育ちます。ですから、子どもに悪い習慣をつけないために、保護者が気をつけることがあります。

特に夏休み中は、親と一緒に外出する機会も多いでしょうから、そこで大人の習慣に付き合わせないことです。その代表的なものは、飲酒、喫煙、スマートフォンに夜更かし。子どもは好奇心が強いので、お父さんやお母さんと同じことをしようとします。

最近、ベビーカーに子どもを乗せたまま、親御さんが居酒屋で飲酒している光景を見かけます。親御さんだって、たまには揃って外でお酒を飲みたいこともありますよね。しかし、そこに子どもを連れていくことは考えてしまいます。そんな小さな頃から居酒屋に出入りしていれば、そこは大人がお酒を飲んで楽しむ場所だという認識がうすれ、子どもも出入りしていい場所だと勘違いしてしまいます。

たとえば、中学生がファミリーレストランで「打ち上げ」と称して、試験が終わったときに集まり、ノンアルコールビールを飲むことがあるようです。これは完全に大人の真似ですね。もちろん、いかにノンアルコールであっても、未成年者には販売しません。その理由は、アルコール分が入っていないので体に影響がないにしても、ビールの味に近づけている飲料を未成年者が飲むことで、本物のお酒に興味を持ったり、常習化するきっかけになる可能性があるからです。

喫煙も同じです。最近は禁煙、分煙が進んでいるものの、家族で居酒屋に行って、周囲でおいしそうにタバコを吸っている人を見て、子どもが関心を持ったり「吸ってみたい」と思うかもしれません。受動喫煙の心配もあります。

大人は自分たちのペースに子どもを巻き込んでしまいがちですが、子どもと一緒にいるときは、彼らのペースや「ふさわしさ」に合わせることも必要になるでしょう。

まとめ

飲酒、喫煙など大人特有のし好品に触れさせない。
子どもにふさわしい場所を選びましょう。

# 50 花火大会など、行事に行かせるときに気をつけることは？

夏休みは子どもたちに時間の余裕ができるだけでなく、行動エリアも広がります。それまで知らなかった場所に行ったり、したことのない経験をすることも多いでしょう。それは子どもの成長にとって必要ではありますが、同時に危険と隣り合わせでもあります。

特に花火大会や夏祭り、さまざまなイベント。子どもたちはウキウキして出かけることでしょう。しかし、不特定多数の人が集まる場所では、トラブルに巻き込まれる可能性が高まるのも事実です。

小学生だけで行かせるのはやめましょう。

花火大会やお祭りに限らず、イベントに行くときは必ず「誰と」行くのか、信頼できる大人が一緒なのかどうかを確認します。子どもひとりで行かせることは避け、ご家族と一緒に行くのがベストですが、もし、お友だちのお父さんやお母さんが連れて行ってくれるなら、お友だちの家まで送り届けて「よろしくお願いします」とごあいさつをしておきましょう。その際、「もし、はぐれてしまったらどうするか」ということも、引率してくださる人と確認しておきましょう。

そして「九時までに必ず帰る」とか、携帯電話を持っていたら「駅まで迎えにいくから、必ず帰るときに電話してきてね」と子どもと約束しておきましょう。

まとめ

子どもたちだけでは行かせない。
帰りの時間やルールを作り、守れるように支援しましょう。

# 町会に加入しましょう！

「子どもが帰ってこない。どうしよう」と心配になったとき、一緒に探したり、協力してくれるのは学校関係者やご近所の人、地域の方たちです。また、災害が起こったときにも一緒に避難したり、避難所で暮らすのはやはり地域の方たちなのです。そういう意味でも、子どもを助けてくれる人でもあります。日頃からあいさつを交わし、子どもを地域の方たちに知ってもらうことは重要です。これは子どもだけではなく、家庭の防犯教育の一環として、家族ぐるみで行うことが必要ではないでしょうか。

都心では集合住宅（マンションなど）が多くなり、町会活動がよくわからない、というご家庭もあるでしょう。その場合は、町会の掲示板を探して、役員さんに連絡を取りましょう。子どもが入学してからでもかまわないので、学校に関わる地域の人など、まちのことに詳しい人に聞いたり、あるいは役所で聞いてみるのもひとつの手です。

地域とのつながりが希薄になっている現代ですが、東日本大震災以降、防犯だけでなく防災などの面からも、地域のつながりの必要性が見直されています。町会活動を通して、ご近所の方たちと知り合い、子どもを紹介しておけば、イザというときに、目撃情報を提供してもらえたり、力になってもらえることがあるのです。「面倒だ」などと思わずに、町会に積極的に参加することをおすすめします。

第8章

# 家庭での教育と地域の見守り

子どもをめぐる犯罪が後を絶たないなか、2017年3月に千葉県松戸市で起きた女児殺害事件も、地域の見守り活動のあり方に大きな波紋を投げかけました。しかし、家族が24時間、子どもを見守ることができない以上、地域の方たちとの連携は欠かせません。この章では、家庭と地域の方たちのつながりを中心に、今後の見守りのあり方について考えていきます。

# 51

## 地域に『見守り』活動があるのは当たり前ではない

雨の日や強風の日、真夏の暑い日でも、日々横断歩道に立ち子どもを交通事故から守ってくれる方、通学路などで犯罪被害から子どもを守る見守り隊の方たち。この方たちは「毎日、元気にあいさつしてくれると嬉しい」と、子どもたちの安全や健康を願ってくれています。その活動に対して、親が「当たり前」だと思わずに、まず感謝の気持ちを表し、「いつもありがとうございます」というお礼の言葉をすすんで送ってほしいと思います。

日本のように治安の良い国では、子どもがひとりで歩いていても、親が罰せられるわけではありませんが、諸外国では、親が子どもをひとりで外に出したり、留守番をさせると育児放棄とみなされ罰せられます。たとえば、フランスでは、子どもを学校まで送り迎えするのは親の役目であるように、基本的には日本も同じです。

誰しもが忙しい中で、自分の時間を子どもたちにむけてくださる見守りボランティアの方たちは「社会の宝」である子どもたちを守ろうと尽力してくださっています。

しかし、こうした地域の一部の人が負担をかかえたままの活動では、いずれ途絶えてしまいます。子どもを持つ人もそうでない人も、親世代も子育てを卒業した世代も、「社会の宝」を大事に思い、無理なくできることで協力し合うことが大切です。

外へ出かける用事は、子どもの下校時間帯に合わせることで、見守りの目になることができます。また、自転車に「見守り中」と書かれたプレートを取りつけて、まちを移動するだけでもよいのです。

だれかにお任せではなく、自分にできる「ちょっとした見守り」を考えてみましょう。そして一歩踏み出してください。その一歩も社会の宝です。

まとめ

自分にできる「ちょっとした見守り」を考えて今日から実行しましょう。自ら率先してあいさつする、通勤途中、子どもの安全に目を配るなど、どんなことでも!

52

# 見守り活動と信頼

二〇一七年三月、千葉県松戸市でベトナム国籍の小学三年女児が登校中に行方不明になり、変わり果てた姿で発見されるという痛ましい事件が起こりました。

この事件から、見守り活動への「信頼」に揺らぎが生じているやに聞こえてきます。しかし「見守り手」と「見守られる側」との間の信頼は、双方の努力や工夫があってこそのものです。安全や安心は努力や工夫なく、無意識に享受できるものでもありません。子どもの安全のために、自発的に考え協動する「市民性」をもちよることによって可能になるものです。

地域の防犯パトロールや見守り活動は、二〇〇一年の大阪教育大学附属池田小学校への不審者乱入による無差別殺傷事件を一つの契機に始まりましたが、あれから数十年が経過した現在、見守り手は高齢化しています。活動を引きつぐ次世代の人は十分に育っているとは言えず、このまま立ち消えになってしまう懸念もあります。

そもそも、それらの活動には、見守り手にとって危険のリスクがないわけではありません。たとえば、二〇一三年練馬区では、学校の校門前に刃物を持った男が子どもたちに襲いかかる事件が起こりました。ちょうど横断歩道で交通指導をしていたボランティアの方が、身を挺して子どもたちを守ったのです。見守り手には、日々のご苦労のほかに、こうした危険に遭遇することもあります。それでもなお、地道に子どもたちのために見守りを続けてくださっています。今一度、そのことに感謝し、どこかでお返しをしていきたいものですね。

信頼の下で活動をつないでいくために、日々の「ちょっとした見守り」に加え、子どもが育ち上がったときでも、あるいは仕事を停年退職してから地域デビューしてもよいでしょう。今度は自分たちが子どもたちを見守る。そういうふうに**見守りリレー**をしていきたいものです。見守ってもらったことに対して、自分は何ができるのか。それを今一度、考えてみませんか?

まとめ

見守り活動をしてくださる方々に感謝の気持ちを表し、自分はいつ、どんなことができるか考えてみましょう。

# 53

## 見守りのリレーを！

平成二八年警察庁の調べによれば、一三歳未満の子どもの略取誘拐は一〇六件発生しています。「道路上」で起きた事件のうち、発生時間は午前よりも、午後二～四時、午後四～六時と、夕方に発生するケースが多く見られます。

私は松戸市での事件の直後、女児が連れ去られたと見られる現場付近を訪ねました。この地域には名産の梨畑が点在していますが、畑の正面に民家が立ち並び、人の目が注がれています。また整然としたまち並みから、場所に特段の危険性は見られませんでした。

⑩でお話したように、犯罪は監視者がいないときに起こりやすくなります。監視者の役割を果たすのは、防犯パトロールや見守り隊などの活動や、通行する同級生、通勤者、商店主などの住民の存在や目です。連れ去りが登校時に比べ、ひとりになりやすい下校時に多く発生するのはこのためです。しかし、女児は登校時に連れ去られてしまいました。一般的に子どもは、朝寝坊して見守り活動が実施されている時間に遅れて登校することもあれば、忘れ

物を取りに戻ってくることもあります。松戸市での事件は決して特別なことではありません。監視者や見守り手がいれば犯罪被害のリスクは少なくなることを考えると、たとえば登校時は、大人が子どもを監視者となる見守り手のいる「セーフティゾーン」につなぐ必要があります。

子どもは常に決められた通学路を使っているとも限りません。「セーフティゾーン」とは、単なる道ではなく、学校を中心として見守り活動を実施するボランティアの方々の活動によって創り出されるのです。本来は、ここへ各家庭が子どもを届ける「リレー方式」が望ましいと思います。つまり、**「見守りつなぎ」**です。

まとめ

子どもには、決められた登校時間や通学路を使うよう教え、時々確認しましょう。時間や決まりを守る習慣を身につけることは、子どもの安全を守ることに直結します。

家庭・地域・学校の大人が導いていきましょう。

54

# 「地域ぐるみ」の活動とは
# 地域が変わる・社会が変わる

見守り活動を継続するには努力や工夫が必要だといっても、仕事をもっている保護者にとっては難しいことですね。しかし、それにともなって、ボランティアの活動範囲も広がっていきます。

活動のエリアが広域になればなるほど見守り手の負担は増えます。見守りというと「地域ぐるみ」で行われていると考えられがちですが、実際に活動しているのは特定の人たちです。本来、地域活動は皆で少しずつ分担し協働することによって、ようやく成立するものです。

ですから、活動を広域にして特定の人たちが頑張り続けるというのではなく、むしろ活動エリアを明確にして、それぞれの役割を限定的にしたうえで協働することが、活動を無理なく継続する秘訣なのです。

エリアを狭くすれば見守る人の負担が少なくなる上、ボランティア同士も見守り合えます。子どもの安全と同様に、「ボランティア自身の安全や健康」の確保も大切な課題で

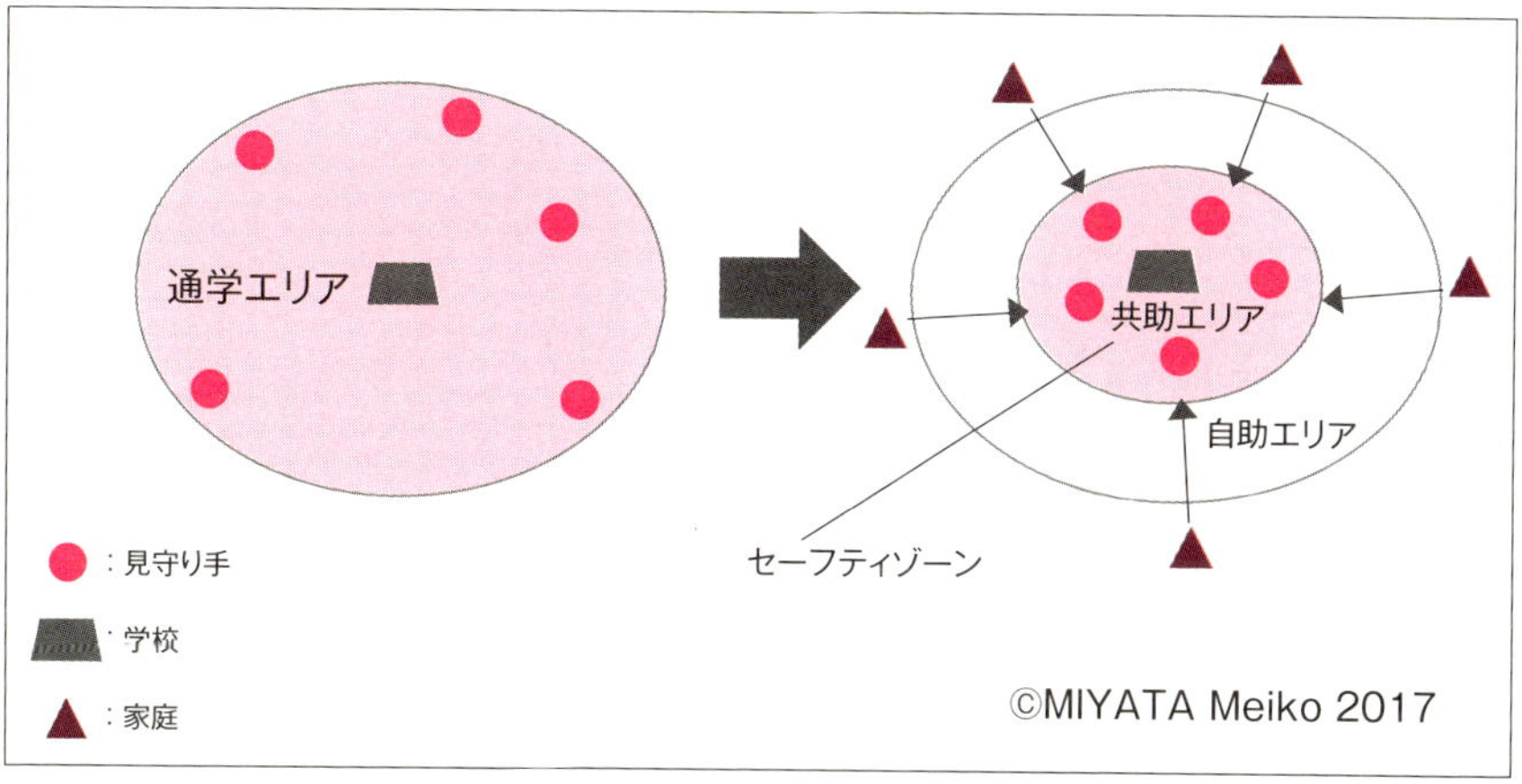


セーフティゾーンへの見守りつなぎ（イメージ）「周辺型見守り」と「周縁型見守り」
図は学校の「周辺型見守り」

す。とりわけ高齢化が進む見守り活動において、体調管理や負担の軽減などへの十分な配慮があってこそ、継続可能となるでしょう。

まちには八〇歳代になっても子どもの安全を願い、見守る姿があります。少しでも負担に配慮し、少なくとも自分の子どもはセーフティゾーン内まで届けられるとよいですね。過保護という見方もありますが、そんなことはありません。むしろ、社会の方が変わり、働いていても親が子どもを送り迎えできるようなシステムや人々の寛容さがほしいものです。

つまり、「個人が受け持つエリア」を**「自助エリア」**と呼ぶことができるでしょう。そうして、ボランテイアが見守るエリア、すなわち**「共助エリア」**につなぐのです。そのうえで、社会システムが変わり公助となって、社会全体のエリアで子どもを育むのです。

このように、見守り手と見守られる側の努力や工夫が必要なのです。

**まとめ**

「ボランティア自身の安全確保や健康保持」も大切な課題です。
自助があってこそ共助がある、
この順番と行動を可能にするためには、社会の寛容さも必要。

# 55 防犯教育のこれから　見守りつなぎの社会へ

これまで、何度か登場した「見守りつなぎ」には三つの種類があります。

二〇〇五年の前後に奈良県や栃木県、広島県などで小学生の誘拐殺害事件が相次いだころ、子どもを犯罪から守りたい一心で、大人たちは子どもに「知らない人に声をかけられたら走って逃げなさい」「無視しなさい」といった、人を避ける、疑う指導を強化してきた一時期がありました。そうした指導を受けた世代が大人になった現在、違和感ある状態に置かれた子どもを見かけても、言葉をかけにくくなっているようです。つまり自分が不審者と勘違いされるのではないかといった懸念が生じるものと考えられます。

たとえば二〇一五年に発生した寝屋川市の中一男女誘拐殺害事件でも、夜から早朝にかけてまちにいた中学生の存在に気づきながら、言葉をかける大人がいなかったことは残念でなりません。今、私たち大人に必要なことは、子どもを見守り、言葉をかけることです。もしも言葉をかけることにむずしさがあれば、せめてしかるべき誰かにそれを伝えることが大事です。見守りを誰かにつなぐことができれば、子どもの安全が確保される可能性もあるからです。危険な状況にある子どもの存在に気づいた大人が、そこで情報を止めることなく、せめて誰かにつなげることで救われる命があるかもしれません。

これが見守りつなぎの一つの意義です。

二つ目は、㊾でお話したように、安全教育そして防犯教育は、生涯にわたり形を変えて関わるサイクルを描く、生涯学習活動ともいうべきものです。見守られて育った子どもは、次世代の見守り手になってくれることでしょう。これが二つ目の意義です。

三つ目は前述した通り、人の目と手によって子どもを「セーフティゾーン」へ届けるリレー方式による見守りつなぎです。

このように、これからの見守り活動は、**「見守りつなぎの社会」**の構築に向けて、家庭と地域の分担と連携によってさらに一歩進めていくことです。

まとめ

子どもの安全のために、「見守りつなぎ」には三つの意義があります。役割の分担と連携を。

【著者参考資料等】

『〇歳からの子どもの安全教育論～家庭・地域・学校で育む〝しみん・あんぜん力～〟』

（自著　明石書店　二〇一〇）

『安全におうちへ帰ろう！じぶんをまもる4つのアイテム』

（共著『日本こどもの安全教育総合研究所監修　二〇一七（文部科学省選定図書認定））

『安全ロボットくんと命を守る4つのアイテム』（共著　埼玉福祉会　二〇一四）

『東日本大震災と子ども～3・11　あの日からの何が変わったか～』

（自著　地研　二〇一六）ほか

のには閉口した。下校時も休日もそれは同じで、娘は当時３年生だったが、事件そのものよりもマスコミに追いかけられることに怯えていた。

私たち保護者と子どもたちが一緒に登下校しているのと並行して、地域では、地域の子どもを守るための取り組みが進められていた。それは集団登下校というかたちで、地域の自治会が学校まで子どもたちの登校に付き添い、帰りも学校まで迎えに行ってくださるというものだった。私たち保護者は、自治会のいくつかの集合場所からいちばん近い所を選び、そこまで子どもを送迎する。私の自治会は広く、集合場所も多いので、地域の方の負担が大きいということから、グループの保護者も当番制で付き添うことにした。

それまで異なる学年の子どもたちが集団で活動するという訓練をしていなかったので、ただ近所というだけで集められた集団は機能するはずもない。あいさつはしない、並んで歩けない、交通ルールが守れない、大人の言うことを聞かないだけでなく。子ども同士のトラブルも絶えなかった。６年生にはリーダーとして下級生の面倒を見るという役割も期待されたが、お互いの顔さえ知らなかった子どもたちにとっては無理な話で、６年生の保護者からは「６年生に責任を負わせないで」という不満の声もあがった。とにかく前途多難なスタートだった。

つい数日前まで自由に登校し、自由に帰ってきていたのに、どうして大人に付き添われて登下校しなければならないのか……。頭ではわかっていても、それを受け入れることが子どもたちには難しかったよ

# 事件が起こった小学校の保護者の想い

2004年の11月に奈良市で帰宅途中の小学1年生の女児が誘拐・殺害された事件。その女児が通っていた小学校の、在校生の保護者（当時）が手記を寄せてくれました。

事件後の混乱のなかで、保護者と学校、地域の人たちがどう連携していったか、よく理解していただけると思います。

（手記は2009年に書かれたものです）

**当たり前が当たり前でなくなった瞬間**

朝、テレビから女の子が誘拐されたというニュースが流れていた。そのときはまだ、学校名や女の子の名前は報道されておらず、奈良県とだけ言っていたので、どこか遠い所での出来事のように感じていた。それから間もなく実家から電話がかかってきて、

「あんたの娘の学校、大変や」と言う。それで娘の通う小学校の1年生が誘拐されたということを知った。報道で詳しい情報を知るにつれて、恐怖で体がこわばっていくのが自分でもわかった。

その日から、保護者同伴で子どもたちの登下校が始まった。娘を教室の入り口まで送り届け、帰りは教室の前で、担任の先生が保護者の顔を確認してから子どもを引き渡す……。そんな毎日が続き、仕事を持っている人や妊婦さん、小さい子がおられる方は、特につらそうだった。

さらに、通学路にテレビカメラや記者がずらっと並んでいて、「何かひとこと」とコメントを求められ、追いかけられる

それから10日ほどたった頃、もう一度、下校の準備を見る機会があった。今度は娘は運動場の集合場所の真ん中に立ったまま動く気配がない。下級生は集まりかけた頃、「さっさと並べ〜〜！」と叫ぶ声が聞こえた。まぎれもなく娘の声だったが、とても女の子のものとは思えなかった。しかし、その声を合図に、なんとぞろぞろと25人が並ぶではないか！　手際よく人数を数えて、さらに一声「さあ、帰るぞ〜〜！」。子どもたちが並んで出発する後ろ姿をあぜんとしながら見送った。

帰宅後「もう少し女の子らしくしたら？」と言ってみたが、娘は「みんなを連れて歩くには、女を捨てないとあかん！」とひと言。

そんな娘も中学2年生に。当時の下級生に会うと「おうっ！　元気か？　班長の言うこと聞いてるか？」と笑顔で声をかけている。

娘にとっては、登下校を通じて、集団を率いるための勉強をさせていただいた貴重な1年間だったに違いない。

奈良市　大西 潤子

「0歳からの子どもの安全教育論～家庭・地域・学校で育む“しみん・あんぜん力”～』
（明石書店 2010）より転載

うだ。朝、出かけたときと同じ姿で帰ってくる子ども……。誰もが当たり前だと思っていたことが、当たり前でないと気づくための代償はあまりに大きかった。

こうして始まった集団下校だったが、犯人逮捕後、まもなく５年。地域の皆さんの熱意・保護者や子どもたちの努力で、負担も軽くなるように体制も整えられ、子どもたちとボランティアのみなさんの元気な声が毎朝、響き合っている。

娘が卒業したので、私は地元自治会のボランティアに登録し、週に一度、通学路に立っている。いつまで続けられるかわからないが、娘がお世話になった３年半、できればお礼は倍返しということで、７年を目標にしている。

**娘のエピソード　班長の修行**

事件からまる２年が過ぎた春、事件当時３年生だった娘も６年生になり、集団登校の班長になった。１・２年生が１４人、全体で２５人の大所帯を任される。

新学期が始まってすぐの頃、たまたま学校にいた私は、一階にある校長室の窓から、娘の集団の下校の準備を見ていた。娘は１年生をひとり見つけては「ここで待っててや」と言って、他の子を探しに走っていった。２人目を連れてきて「ここにいてね」と言って、また走り出す。３人目を連れてきたときはには、先のふたりがどこかに行ってしまってまたやり直し。これではいつまでたっても帰れそうにない。あまりの要領の悪さに、ため息が出た。

# おわりに
## 「避ける指導」から「見守りつなぎ」の社会へ

子どもをめぐるいたましい事件が相次いでいます。二〇一五年、大阪府寝屋川市で発生した事件では、深夜から早朝の時間帯に中学生が外で過ごしていたことに、違和感を覚えた人は少なくないでしょう。また、彼らの様子に違和感を持ちながらも、声をかけ、保護する大人がいなかったことに後悔が残ります。

二〇〇一年、社会を震撼させた大阪教育大学附属池田小学校での事件以来、二〇〇五～六年、奈良県、栃木県、広島県で下校時の子どもが誘拐される事件が相次ぎました。これらの事件を受けて、全国では地域自主防犯活動ボランティアによるパトロールや見守り隊が結成され、学校では防犯指導をおこなってきました。家庭・地域・学校の大人たちは、子どもを犯罪から守りたい一心で「知らない人に声をかけられたら走って逃げる」というように、いわば紋切り型の防犯指導を強化した時期がありました。言い換えれば、声をかけてくる「知らない人」はすべて不審者と見なし、無視することを強調してしまったのかもしれません。それにより、地域の人の親切な言葉がけも悪意あるものと混同され、声かけ事案の件数を増加させた側面もあるでしょう。

池田小での事件から数十年が経過し、その後も子どもをめぐる事件はあとを絶ちません。当時小学生だった子どもは成人となり、教師や保護者も三〇~四〇歳代となっています。つまり、当時の「人を避ける」防犯指導が頭に残ったままで、それが積極的な言葉がけをためらわせているのではないかと感じます。

子どもの六人に一人が貧困といわれる昨今、ひとり親世帯の場合にはその半数が貧困状態にあるといわれています。親は長時間や夜間労働を余儀なくされることは容易に想像がつきます。家庭で子どもと過ごす時間も減少し、子どもは寂しさなどの理由から、外の世界を求めることも充分考えられます。二〇一四年九月に神戸で発生した、児童が放課後に犠牲となった事件、また二〇一五年二月に川崎市で中学生が被害者となった事件においても、被害者、加害者ともに社会の隙間から抜け落ちてしまったように、貧困が連鎖して犯罪を生み出している側面がみられます。

人を避ける指導だけでは、子どもの被害は防ぎきれません。将来の被害者、加害者を生み出さないために、今こそ「見守り愛」が必要ではないかと思います。

とはいえ、親や教師たちが子どものあらゆる場面を見守り続けることはむずかしい。そうであれば、大人の私たち一人ひとりが見守りの目をもち、違和感のある状況に置かれた子どもたちに言葉をがけていきたい。言葉かけがむずかしければ、警察や保護者などしかるべき誰かに「見守り」をつなぐことです。これをみんなが行うなら、まち中の子どもが見守られることになります。

そんな矢先、二〇一七年三月に千葉県松戸市で発生した女児誘拐殺人事件は、見守り活動に衝撃を与えました。しかし、だからと言って、二四時間、三六五日、わが子を親だけで守るということは現実的には不可能であり、やはり、学校や地域のみなさんとの連携は欠かせません。犯罪は人や物の空白となる隙をついて起こるものですから、その隙間を皆で手分けしてふさがなくてはなりません。ひとりが抱える負担感も隙間を作り出すのです。だからこそ協働が必要なのです。たとえ悪意を潜ませた人が身近にいたとしても、人々の見守りの目により犯罪行為を実行する機会、すなわち隙間がなければ、犯行に及ぶことはできないのですから。

こうして様々な人に見守られ、大切に育てられた子どもたちはまた、次の世代の子どもたちを見守る大人になってくれることでしょう。これらを「見守りつなぎ」と名づけました。

子どもは誰しも望まれて生まれ、みんなに可愛がられ、学び、希望をもって大人になる権利を持っています。「子ども時代」を子どもとしてのびやかに、安全・安心に過ごせるような社会を創るのは、私たち大人の役目ではないでしょうか。たとえ理想論だといわれても、私は調査などの研究による「科学」と、人々の「協働」を鍵概念として、変化する社会で役立つ「新しい防犯教育」の創出に微力を注いでいきたいと思います。

そうして、仲間や応援してくださる方々と共に、地域で地道に、そして力強く活動し続けてくださる方々、日々多忙な学校の中で頑張っておられる先生方、毎日、試行錯誤しながら子育てをするお父さん、お母さんを応援していきたいと思います。

末筆となりましたが、本書執筆にあたり、いつも穏やかに、的確なアドバイスにより自由に拙著を書かせてくださいました、新読書社の伊集院郁夫社長のご厚意に、心より感謝申し上げます。

そして、初めてお目にかかった日から現在まで、長い期間を時に励まし支えてくださいました、元宝仙学園短期大学教授で、幼児教育の第一人者である古川伸子先生に、深い感謝の意を記します。

宮田美恵子

# 【索引】

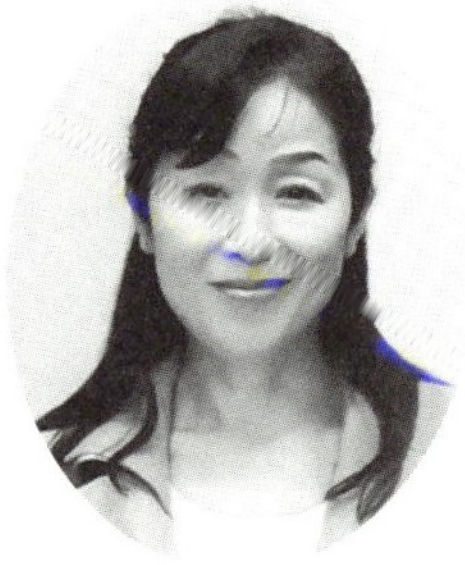

宮田 美恵子（みやた　みえこ）

順天堂大学大学院研究員・放送大学非常勤講師
教育社会学・安全教育・犯罪社会学／博士

特定非営利活動法人
日本こどもの安全教育総合研究所理事長
http//:kodomoanzen.org

**うちの子、安全だいじょうぶ？**
**新しい防犯教育**

2018年6月26日　初版1刷

著　者　宮田美恵子
発行者　伊集院郁夫
発行所　(株)新読書社
東京都文京区本郷5-30-20　〒113-0033
電話：03-3814-6791　FAX：03-3814-3097

デザイン・組版・イラスト：追川恵子／印刷：日本ハイコム(株)

ISBN978-4-7880-5112-6